28 Fevrier 1910

COLLECTION

ALFRED FORGERON

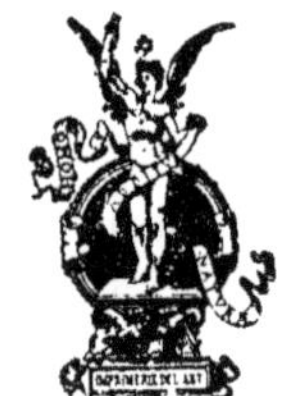

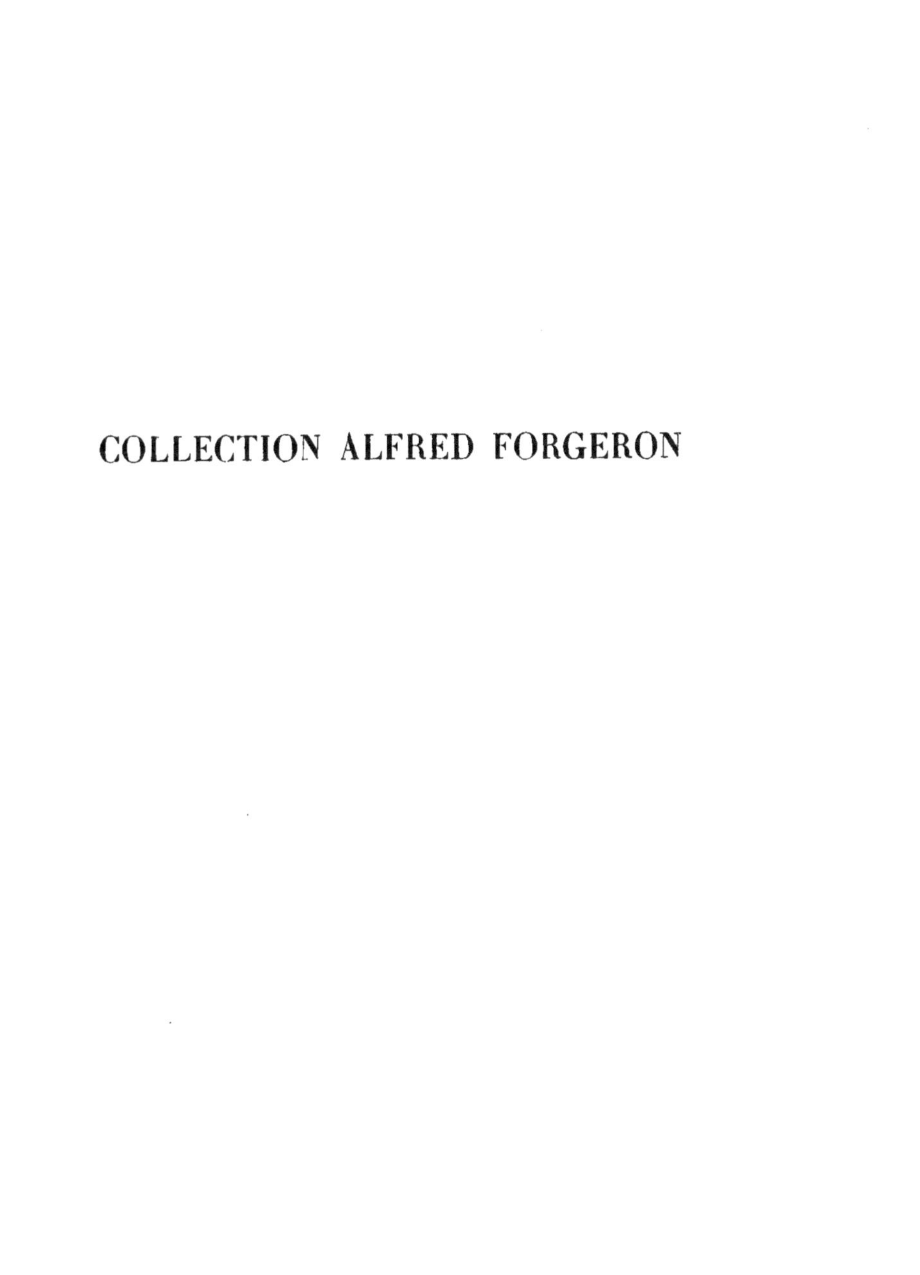

COLLECTION ALFRED FORGERON

TABLE DES MATIÈRES

	Pages
Préface	5
Bronzes de la Chine et du Japon	9
Bronzes du Tibet	26
Bois sculptés de la Chine et du Japon	38
Céramique	45
Matières précieuses	48
Pierre	51
Ivoire	55
Coupes à libations	57
Costumes et Armures	59
Gardes de sabre	62
Kodzukas	65
Anneaux et Bouts de sabre	67
Coulants d'Inro	68
Netzukés	69
Écritoires	71
Articles de fumeurs	72
Instruments de musique	72
Tentures, Étoffes, Fouksas	73
Lanternes	75
Écrans	75
Châsses	76
Meubles, Étagères, Vitrines	77
Peintures, Kakémonos	78
Estampes japonaises	82
Objets musulmans	87
Antiquités égyptiennes	88

COLLECTION ALFRED FORGERON

OBJETS D'ART

DE LA

CHINE ET DU JAPON

BRONZE ET BOIS SCULPTÉ

PIÈCES EN JADE

Pierre de Lard — Blanc de Chine — Ivoire
Laque de Pékin
Flacons-Tabatières, Coupes libatoires

HABIT DE GUERRE D'UN PRINCE IMPÉRIAL CHINOIS

SELLE ET ARMURES JAPONAISES DE DAÏMIYOS

Gardes de Sabre — Kodzukas — Netzukés

TENTURES ET ÉTOFFES

GRANDE LANTERNE CHINOISE DE TEMPLE

Châsses — Vitrines
Peintures, Kakémonos, Estampes japonaises

BRONZES DU TIBET

Importante et rare série de Statuettes en bronze doré

CUIVRES MUSULMANS

ANTIQUITÉS ÉGYPTIENNES

Dont la Vente aura lieu

HOTEL DROUOT, SALLE N° 6

Les Lundi 28 Février, Mardi 1er et Mercredi 2 Mars 1910

A DEUX HEURES

Me ANDRÉ DESVOUGES
COMMISSAIRE-PRISEUR
Successeur de M. Maurice DELESTRE
26, rue de la Grange-Batelière

M. ERNEST LEROUX
EXPERT
28, rue Bonaparte
PARIS

EXPOSITIONS

PARTICULIÈRE : *Le Samedi 26 Février 1910* } *de 1 h. 1/2 à 5 h. 1/2.*
PUBLIQUE : *Le Dimanche 27 Février 1910* }

ORDRE DES VACATIONS

Le Lundi 28 Février 1910

Nos 186 à 231. Bois sculptés.
— 1 à 117. Bronzes de la Chine et du Japon.
— 563 à 596. Objets musulmans et Antiquités égyptiennes.

Le Mardi 1er Mars 1910

Nos 385 à 442. Gardes, Kodzukas, Ornements de sabres.
— 362 à 384. Costumes et Armures.
— 232 à 361. Céramique, Jade, Ivoire, Coupes.

Le Mercredi 2 Mars 1910

Nos 443 à 467. Netzukés, Écritoires, etc.
— 118 à 185. Bronzes du Tibet.
— 502 à 562. Kakémonos, Estampes.
— 468 à 501. Tentures, Lanternes, Châsses, Étagères, Vitrines.

CONDITIONS DE LA VENTE

Elle sera faite au comptant.

Les acquéreurs paieront *dix pour cent* en sus des enchères.

L'exposition mettant le public à même de se rendre compte de l'état et de la nature des objets, aucune réclamation ne sera admise, une fois l'adjudication prononcée.

Paris. — Imprimerie de l'Art, Ch. Berger, 41, rue de la Victoire.

COLLECTION
ALFRED FORGERON

La Collection, formée par Alfred Forgeron sur la Révolution française, et dont la vente a eu un succès si marqué au mois de décembre dernier, a révélé au grand public les qualités de cet amateur, sa finesse dans les découvertes, son goût sûr, sa longue patience.

Voici une autre Collection, du même chercheur, qui va être dispersée et qui attestera, dans un domaine tout différent, la variété de ses connaissances et de son érudition. Il s'agit, cette fois, d'une Collection d'objets d'art et de curiosité de la Chine, du Japon et du Tibet. Elle renferme des merveilles : personne ne pouvait mieux les apprécier, et les mettre en relief pour le public, que le savant expert, M. Ernest Leroux, l'éditeur orientaliste, qui a rédigé déjà tant de beaux catalogues, ceux notamment des Collections Burty, Appert, Taigny, Telinge, Duret, pour n'en citer que quelques-uns.

Je me rappelle qu'un matin de printemps, en 1904, Alfred Forgeron me fit les honneurs de cette Collection vraiment extraordinaire. Je n'étais guère qu'un profane devant ces productions de l'art, si compliqué et si mystérieux pour nous, des Japonais et des Chinois. Il m'en expliqua la beauté d'exécution et le symbolisme. Il me disait :

— Pour comprendre ces statuettes, ces Bouddhas, ces Kakémonos, ces vases rituels, que vous voyez là, dans mes vitrines, il faut se rappeler le principe de la religion bouddhique, rayonnant au Tibet, en Chine, au Japon, principe suivant lequel l'homme est divinisé par la science. Le bonheur d'atteindre à un repos sans fin est le prix de la science acquise par l'étude et la méditation ; c'est le prix du renoncement au monde, de l'abnégation du moi.... Comprenez-vous ?

Je comprenais, en effet, devant les vitrines chinoises et japonaises de Forgeron, que l'artiste, en ces pays, pense sans cesse à ce principe de bonheur par l'abnégation — si loin de nos mœurs ! — et tente de l'incarner dans les divinités et les idoles dont, là-bas, sont remplis les temples. L'or, l'argent, l'ivoire, le jade surtout, leur pierre favorite, servent à ces lointains sculpteurs, si convaincus — comme les nôtres, jadis — à rendre hommage à leurs dieux et à exprimer leurs intimes croyances.

En me montrant ses trésors, Forgeron m'expliquait que les Chinois et les Japonais ont été de tout temps les premiers décorateurs du monde. Leur esthétique a pour but d'embellir la vie, de réjouir les yeux. Ils connaissent et ils essaient de satisfaire toutes les délicatesses de l'esprit, tous les plaisirs des sens.

Je compris, ce jour-là — bien imparfaitement, il est vrai — mais je compris tout de même la philosophie cachée et vivant dans ces œuvres japonaises et chinoises, que Forgeron avait amassées, collectionnées avec amour, et dont il m'exposait la signification. Oui, partout, en Chine, au Japon, au Tibet, comme en France, en Allemagne ou en Italie, les artistes mettent dans leurs œuvres ce qui fait le fond de l'âme humaine : la joie, la tristesse, l'espérance, la poésie de la nature, la félicité perdue ou retrouvée, ce que notre Musset appelle « les cruautés du sort ». Chacun d'eux reflète son milieu, mais, en réalité, le cœur de l'homme est partout le même.

Que signaler parmi ces œuvres de haute valeur ?

Cet habit de guerre d'un prince impérial chinois (N° 362).

Ces magnifiques armures japonaises et cette selle de daïmyo, d'un travail si remarquable (Nos 363 à 366).

Ces bronzes rituels chinois, ces brûle-parfums aux formes élégantes (Nos 1 à 21).

Cette aiguière de l'Asie Centrale d'un galbe si harmonieux (N° 22).

Cette précieuse et rare série de bronzes du Tibet qui ferait l'honneur d'un de nos grands musées (Nos 118 à 165).

Cette superbe lanterne de temple rapportée de Chine, après l'expédition de 1859.

Ces autels, ces étagères, d'une exécution si délicate.

Ces Kakémonos bouddhiques, venus de quelque temple du Japon.

Ces tentures, ces étoffes aux tons chatoyants.

Ces gardes de sabres finement ciselées (Nos 385 à 411).

Ce kodzuka dont la lame porte gravée la mention qu'il fut celui du chef des 47 Ronines, ces héros du dévouement et du point d'honneur dont le Japon est si fier (N° 415).

Faut-il citer encore les jades, les coupes libatoires, les flacons-tabatières, délicieux objets de vitrine, les bois sculptés, les laques de Pékin, les statuettes religieuses dont quelques-unes semblent apparentées à notre art du Moyen âge ?

Quoi encore ? il faudrait tout citer ; je m'arrête.

Ces pièces anciennes, rares et précieuses, firent longtemps la joie d'Alfred Forgeron. Il les avait acquises, non seulement à Paris, mais dans ses voyages en France et à l'étranger, avec l'inlassable patience des vrais collectionneurs.

Ces œuvres opulentes vont enrichir d'autres Collections, et faire le bonheur d'autres amateurs, sans épuiser leurs attraits, leur beauté, leur éloquent symbolisme.

HIPPOLYTE BUFFENOIR.

COLLECTION ALFRED FORGERON

BRONZES

DE LA CHINE ET DU JAPON

1. Vase rituel sphérique, à couvercle décoré d'un dragon à quatre griffes : autour du centre, sont des zônes concentriques et parallèles gravées de *tao-tiés* et de caractères religieux sur fond de grecques gravées. Sur ces zônes se voient, en ronde bosse, trois bœufs disposés triangulairement. La panse du vase est également décorée de *tao-tiés* et de caractères religieux. Le vase repose sur trois pieds.

   Vieux bronze à patine brune à traces encore dorées. H. 0,28, diam. 0,21.

   Les bronzes rituels (*ts'ouen*) étaient destinés exclusivement aux cérémonies du culte officiel. Ils étaient de forme différente suivant qu'ils devaient contenir le vin, les fruits, le grain bouilli, les animaux sacrifiés. La présence des bœufs sur notre vase indique sa destination.

2. Brule-parfums, forme panier à six pans lobés. Anse mobile, à doubles branches en demi-cercle. Pièce repoussée de caractères et de fleurs. Le couvercle est ajouré et gravé de fleurs.

   Bronze rouge. H. 0,13, diam. 0,15.

3. Vase-balustre circulaire, à panse élargie, avec mascarons à masques de chimères, aplatis, et anneaux mobiles. Il est gravé de zônes de grecques, d'animaux stylisés et de figures rectilignes. Socle bois. Sous le fond du vase se voit une marque de fondeur, un réseau de losanges à patine verte.

   Vieux bronze à patine brune à taches claires. H. 0,37, diam. à la panse 0,25.

4. Deux vases-balustres à anses formées de grosses mouches se détachant du vase. Ils sont gravés de palmettes, d'attributs et de dragons en relief sur les flots.

Bronze à vieille patine foncée à aspérités un peu usées et donnant l'aspect de l'écaille. H, 0,25.

5. Vase-balustre à mascarons, têtes de chimères en fort relief à l'épaulement, gravure de zônes d'attributs circulaires sur fond de grecques gravées. Socle bois.

Vieux bronze à patine rouge. H. 0,21.

6. Vase-balustre à anses, losangé, avec arêtes saillantes aux angles. Gravure d'attributs, de *tao-tiès*, de nuages sur grecques.

Vieux bronze patine foncée. H. 0,25, larg. entre les deux sommets d'angles à l'orifice 0,14.

Le *tao-t'ié*, ou « glouton », est un animal fantastique, à mandibules puissantes, à crocs aigus, aux yeux énormes. Les artistes chinois, ne prenant de cette tête grimaçante que les principaux traits, en ont fait un motif ornemental où l'on ne retrouve plus du type originel que les yeux et la mâchoire.

7. Vase-balustre à fortes anses, têtes de chimères, gravé de *tao-t'iés* et de clouté sur quadrillé.

Bronze patine foncée. H. 0,28, larg. aux anses 0,22.

8. Deux vases-balustres évasés, tripodes, avec anses formées de branchages. Haut-relief de dragons et de nuages. Bases à têtes d'éléphants.

Bronze foncé. H. 0,22.

9. Grande et large coupe circulaire, à panse rebondie, décorée de mascarons à têtes de chimères, et surmontée d'un couvercle en bois. Décorée de deux formes, cinq fois répétées, du caractère *cheou* (longévité, en écriture *tchouan*. Le couvercle, en bois de poirier, est sculpté. On y a ajouté, au sommet, un petit bronze : le Bouddha enfant, qui ne fait pas partie de la pièce. Socle hexagonal, bois sculpté.

Bronze patine foncée. H. totale 0,45, grande larg. 0,38.

10. Grand vase ajouré (*Tchu-houa-p'ing*), en forme de tube cylindrique, tripode, à deux anses à têtes de dragons. Fond gravé de quadrillés et de vagues. Sur les quatre parties ajourées se détachent en

ronde bosse quatre génies cornus dansant, jouant de la flûte, ou tenant des branches fleuries.

Bronze rituel à belle patine brune. H. 0,20.

11. Brule-parfums octogonal. Bronze rituel reposant sur quatre pieds. Superbe pièce filigranée, ajourée et ciselée.

L'extérieur à huit faces figure les huit points cardinaux et les huit périodes de l'année. Il est divisé en huit compartiments ornés en relief des *Koua* de Fou-hi, formés de lignes horizontales et parallèles à traits continus et à traits brisés, en nacre et en lapis lazuli sertis. Les *Koua* sont encadrés chacun de deux dragons se disputant la perle sacrée, gravés en relief et ciselés sur un fond filigrané. Les zones supérieure et inférieure sont ornées de gros cabochons de nacre et de lapis.

Le couvercle circulaire est surmonté de la chimère Ki-lin, un des quatre animaux de bon augure, appuyant sa patte sur une sphère mobile en pierre dure verdâtre. Au pourtour, se voit une frise de douze animaux symboliques en relief et ciselés sur fond de filigranes. Ces animaux représentent les signes du zodiaque et les douze heures du jour. Ce sont : le Rat, le Bœuf, le Tigre, le Lapin, le Dragon, le Serpent, le Buffle, la Chèvre, le Singe, le Coq, le Chien et le Porc.

Bronze doré. H. 0,22, larg. 0,14.

L'Empereur Fou-hi passe pour l'inventeur de l'écriture en Chine à l'aide des *Koua* qui remplacèrent les cordelettes nouées dont on avait jusque-là fait usage pour l'administration du gouvernement. La tradition rapporte que « contemplant le ciel, puis baissant les yeux vers la terre et en observant les particularités, considérant les apparences des oiseaux et des productions de la terre, les caractères du corps humain et ceux des êtres et des choses extérieures, Fou-hi commença par tracer huit *Koua*, ou trigrammes, avec deux sortes de traits : un trait plein — et un trait brisé — —; ensuite, combinant ces huit premiers *Koua* simples deux à deux, il en forma soixante-quatre hexagrammes. » M. Philastre, dans sa traduction du *Yi King*, croit que les traits formant les premiers éléments des *Koua* représentent ou symbolisent deux grands moments dans la marche combinée et apparente du soleil et de la lune, et que les diagrammes représentent tous également la série des phases de la lune. Cette explication admise, la juxtaposition des *Koua* et des signes du zodiaque donne une signification particulière à notre vase.

12. Brule-parfums à quatre faces, à deux anses formées de dragons en ronde bosse. Le couvercle, ajouré de nuages et de chauves-souris, est surmonté de la chimère Ki-lin. Sur chaque côté sont

gravés et ciselés des nuages et des chauves-souris. Le couvercle est orné d'une bordure de grecque. Socle en bois ajouré.

Bronze chinois doré. Signé : *Ta Ming Siouan-té*. H. 0,125.

13. Grand vase d'applique, en forme de gourde à dos aplati. Pièce à fond mat avec nuages en relief. Elle est enrubannée, à la partie médiane et sur les côtés jusqu'à la base. Sur la double panse se voient deux grands caractères en relief : *Ta Ki, grand bonheur, grande félicité*, en lapis, et tout autour huit emblèmes bouddhiques, les *huit offrandes*, en jade, lapis, cristal, corail, etc.

Socle bois sculpté ajouré. H. 0,34, larg. 0,21.

Les *huit offrandes* sont : le parasol, le diagramme, le poisson, la roue, la bannière, la conque, la fleur de lotus, le vase sacré.

14. Haute coupe à offrandes, avec inscription dédicatoire. Elle est formée d'un plateau circulaire creux sur piédouche. Décor de *tao-tiés* sur fouillis de grecque, de rinceaux et de vagues. Daté de la 13e année de la période Hong-tchô de la dynastie des Ming (1500).

Bronze noir. Socle noir. H. 0,155, diam. 0,175.

15. Vase-balustre à panse surbaissée, s'élevant et s'écartant en huit lobes. Il est gravé d'attributs et d'épis de maïs sur fond quadrillé en losanges.

Bronze. H. 0,17, larg. 0,13.

16. Brule-parfums circulaire, tripode, couvert. La panse bombée et écrasée est ornée de mascarons à masques de chimères. Le couvercle, ajouré, est surmonté de la chimère assise tenant une boule. Trois pieds s'incrustant dans le socle en bois sculpté.

Bronze doré. H. totale 0,12.

17. Brule-parfums hexagonal, tripode, à anses verticales ajourées. La panse est formée de panneaux rectangulaires, saillants, gravés d'animaux chimériques sur fond de grecques. Ils sont reliés entre eux par six arêtes dentelées en fort relief. Le couvercle ajouré est surmonté d'un dragon en ronde bosse. Les pieds sont formés de masques de chimères sur grosses pattes.

Bronze noir. H. 0,16, long. 0,10.

18. Vase s'évasant en octogone lobé, dentelé. Il est gravé à plat de huit attributs et niellé de métaux divers.

Bronze rouge. H. 0,12, diam. à l'orifice 0,14.

19. Grande jardinière rectangulaire à quatre pieds, à anses verticales cintrées à la partie supérieure. Cette pièce est ornée de masques de *Tao-tiès* (gloutons) gravés sur fond d'ornements en creux, et de deux mascarons à têtes de chimères, ciselés en fort relief. Aux quatre pieds, des masques de kilin. Couvercle en bois, ajouré de rinceaux avec un champignon celosis comme bouton. Au-dessous était gravé un cachet portant la date et le nom de la dynastie. Il a été enlevé et remplacé par une simple plaque.

H. du bronze 0,39, h. avec couvercle 0,49, long. 0,10.

20. Vase rituel, forme balustre. Anses de dragons grimpant détachés et mascarons à têtes de lions en fort relief. Décoré de deux caractères sacrés, en écriture lantsha.

Bronze. Socle bois. H. 0,20.

21. Grande coupe creuse, gravée de nombreux attributs bouddhiques, rehaussés d'or et d'argent. Au milieu, le caractère de félicité.

Cuivre rouge. H. 0,10, diam. 0,41.

22. Grande aiguière, à large panse sphérique un peu aplatie, terminée par un col d'un galbe élégant et reposant sur un piédouche qui s'élargit vers la base. Une grande anse, s'élevant verticalement, en fils retordus et ajourés, forme l'ossature d'un animal chimérique dont on voit le masque se recourbant pour mordre le bord supérieur de la pièce. Au déversoir, à profil ondulé, se voient au départ et à l'extrémité deux autres masques. Ces trois figures à moustaches et à grandes oreilles, portent chacune au front un ornement ovale. Le masque placé à la base du déversoir est entouré d'une collerette qui descend le long de l'épaulement de la panse et se termine en fleur épanouie aplatie, avec gravure de deux oiseaux à longues et larges queues.

Cuivre ancien martelé. H. 0,50, diam. à la panse 0,34.

Très belle pièce, provenant de la Mission Ujfalvy au Cachemire et au Petit Tibet.

23. Vieillard et Lion. Le vieillard, assis sur une terrasse rocheuse, regarde en souriant l'animal qui semble l'exciter. Calembour sur la phrase *T'ai chè chao chè* : Le vieillard : Soyez le premier précepteur de l'Empereur. Le lion : Soyez le second précepteur de l'Empereur.

Bronze de belle patine. H. 0,09

24. Ours accroupi, la gueule ouverte.
Petit bronze doré formant vase décoré de cabochons de turquoises. H. 0,08.

25. Oie de style archaïque, formant brûle-parfums. L'animal est debout sur un socle à quatre petits pieds, et représenté marchant, une patte en l'air.
Bronze clair. H. 0,20.

26. Tabouret à épaulement élevé, sur quatre hauts pieds. Il est gravé d'ornements symétriques et d'oiseaux stylisés.
Bronze foncé. H. 0,40.

27. Gong formé d'un disque circulaire en cuivre martelé. Avec son marteau à tête de pavot.
Diam. 0,10.

28. Lampe a huile formée d'une coupe à bec, de la forme des lampes antiques, sur partie arquée à double base conique.
Cuivre du Tibet ciselé de chimères et de palmettes. H. 0,15, long., 0,25.

29. Deux chauffe-mains. L'un, en cuivre jaune, est formé de deux hémisphères ajourés de caractères anciens et gravé d'animaux chimériques. — L'autre, en cuivre rouge de même forme, est gravé de fleurettes rehaussées d'argent. A l'intérieur de chaque boule se trouve le foyer mobile composé de la coupelle et de ses rubans circulaires.
Cuivre chinois. Diam. 0,13.

30. Plaque sonore (*King*), en bronze, à contours irréguliers, décorée d'oiseaux chimériques en relief et d'attributs circulaires. Copie d'une pierre sonore antique. Petit marteau à tête de pavot.
Bronze. Long. 0,40.

31. Cloche gravée d'attributs et de caractères chinois. La poignée est formée de deux masques de chimères.
Bronze chinois foncé. H. 0,17.

32. Fragment d'encadrement formé d'un dragon.
Bronze ciselé. Long. 0,17.

33. Pièce de suspension. Grue volant, ayant sur son dos le Sennine O-ssi-Shin.
Bronze foncé.

34. PETIT VASE à quatre faces, orné de divinités et de bambous en relief. Pièce servant d'encrier.
Cachet. H. 0,07.

35. CORPS DE BRULE-PARFUMS ovale, sur quatre hauts pieds, avec anses verticales aux extrémités, gravure de tête chimérique.
Bronze doré. H. 0,15, long. 0,15, larg. 0,11.

36. GRAND VASE-BALUSTRE, élargi, à long col, à orifice évasé et reposant sur panse surbaissée. Anses dragons mobiles. Au col, gravures de hautes palmettes. A la panse, zônes gravées de *tao-tiés*, cartels de figures géométriques et de tortillons cloutés.
Bronze patine noire. H. 0,31, diam. à l'orifice, 0,30.

37. BRULE-PARFUMS, formé d'une aubergine courbée en croissant, sur quatre pieds minuscules. Au centre, sur la partie concave se voit une maisonnette à toit de chaume, servant de couvercle. Aux extrémités, deux ornements en forme de têtes d'éléphants à trompes recourbées. Sur les deux côtés, sont ciselés en relief des oiseaux fantastiques.
Bronze foncé. H. 0,13, long. 0,20.

38. BRULE-PARFUMS, de même forme que le précédent. Aux extrémités, mascarons à anneaux fixes. Sur chaque face, sont gravés en relief douze anneaux. Petit temple ajouré formant couvercle.
Bronze brun. H. 0,13, long. 0,16.

39. CHIMÈRE et son petit ravageant un arbre fleuri, sur un rocher. Cette pièce est un chandelier de temple, avec une bobèche formée d'une fleur épanouie, sur laquelle est encore fixé un cierge en cire à quatre faces ornées en relief d'attributs religieux.
Bronze à patine foncée, rehaussée d'argent. H. du bronze 0,20.

40. CHIEN DE FÔ, à tête mobile à charnière, assis sur un rocher. Pièce formant brûle-parfums, sur socle bas.
Bronze chinois de vieille patine. H. 0,20.

41. BRULE-PARFUMS, en forme de casque renversé, la bombe en bas et les doubles visières se terminant en croissant. Décor de petits mascarons, têtes de chimères et caractères chinois antiques. Le couvercle ajouré est surmonté d'un personnage debout, le torse nu, tenant un bâton. La pièce repose sur trois têtes de chimères. Socle bois.
Bronze patine noire. H. 0,23, long. 0,16.

42. Coupe, formée de la partie inférieure d'un animal à tête chimérique, à queue stylisée, en forme d'anse. Des niellures se voient au bord de la coupe et à l'anse.
Bronze patine brune. H. prise à l'anse 0,065, long. 0,115.

43. Coupe conique tronquée, renversée; à deux anses horizontales. Elle est gravée de temples et de personnages, avec rehauts d'or et d'argent. Intérieur de la coupe laqué d'or.
Fer laqué or. H. 0,038, long. aux anses 0,11.

44. Bonbonnière minuscule basse, gravée de champignon, sceptres et fleurs.
Bronze doré. H. 0,03.

45. Chèvre au repos, mâchant une branche de fruits. Socle bois ajouré.
Bronze. H. 0,06.

46. Petit vase en bronze, à quatre faces ciselées de divinités et de bambous en relief. Godet d'encrier à l'intérieur. Cachet. Signé : *Ta Ming Siouan-té.*
Bronze chinois. H. 0,07.

47. Lampe en cuivre, formée d'une femme tenant devant elle un récipient pour recevoir l'huile et la mèche. La femme est debout sur le haut d'une colonne torse.
Cuivre.

48. Petit pendentif ovale, ajouré, à profil d'ornement de temple, accolé de chaque côté d'un tube gravé ; au-dessus chauve-souris volant, fixée avec une chaînette.
Bronze foncé. H. 0,07.

49. Deux disques formant couvercles légèrement convexes. Ils sont finement ajourés de rosaces rayonnantes et de cloutés.
Argent filigrané. Diam. 0,09.

50. Vase piriforme allongé, s'évasant à l'orifice, avec couronne anneau intermédiaire. Il est entièrement gravé de zônes et d'un fouillis de fleurs en léger relief argenté.
Fer. H. 0,23, diam. 0,10.

51. Plateau bas, circulaire, tripode, uni, pieds ciselés de rinceaux. Dessous, au centre, gravure de dragons et perle, entourant un rectangle ciselé avec cachet : *Ta Ming Siouan-té.*
Bronze foncé. H. 0,03, diam. 0,17.

52. Éléphant caparaçonné de dragons sur des vagues. Il porte sur son dos, en saillie, une petite maison ajourée à quatre faces avec galeries.
Bronze brun. H. 0,13, long. 0,17.

53. Vase-balustre, panse surbaissée, sphérique, aplatie. Très haut relief de personnages sur fond quadrillé. Cachet : *Ta Ming Siouan-té.*
Bronze brun. H. 0,165.

54. Brule-parfums circulaire, tripode, anses verticales ; couvercle bois. Panse droite arrondie vers le bas sur trois hauts pieds. Gravure de *tao-tiès* sur fond pointillé. Couvercle en bois à bouton d'olive en corail et or.
Bronze. H. 0,12, diam. 0,08.

55. Éléphant richement caparaçonné, portant un vase à anses de têtes d'éléphants à anneaux mobiles. Gravure en creux de fleurs stylisées. Pièce entièrement ciselée en relief de fleurs, d'oves et de glands pendants. Cabochons de pierres de couleurs en fort relief.
Bronze. H. 0,26, long. 0,20.

56. Vase à panse ovoïde à gorge et piédouche élargis et à anses verticales formées de doubles filets de cuivre parallèles. Poésie chinoise, en caractères anciens, en relief sur la panse, et vagues au piédouche.
Bronze brun. H. 0,14.

57. Petite sphère, autour de laquelle sont debout trois petits Chinois à vêtements dorés, détachés en ronde bosse.
Bronze foncé. H. avec socle 0,08, larg. 0,11.

58. Petit pendentif, gong à double face. Signé.
Bronze.

59. Cube de bronze, à l'intérieur duquel est un autre cube dans lequel se trouve un dé.
Cuivre. H. 0,045.

60. Boucle de ceinture. Agrafe et porte à tête de chimère dorée, et plaque ovale à anneau, décorés de dragons bleus et fleurettes.
Bronze cloisonné émaillé, fond turquoise. Long. totale 0,14.

61. Plaque hexagonale plate, gravée d'une branche fleurie.
Fer à rehauts d'or. Larg. 0,105.
Disque troué au milieu et gravé de personnages.
Deux plaquettes gravées.
Cuivre. Diam. 0,55.

62. Appliques de meubles, en émail cloisonné, décoré de branches fleuries stylisées à tiges contournées.

63. Applique, à profil de vase-balustre gravé en creux de deux zônes d'animaux chimériques.
Bronze à traces de patines verdâtres. Long. 0,20, larg. 0,10, épais. 0,01.

64. Quatre appliques de tiroirs de meuble, à profil de quatre grands lobes dentelés. Elles sont gravées en creux d'ornements. Les têtes des grands clous losangés sont émaillées polychrome.
Bronze à parties émaillées. Long. 0,10, larg. 0,16.

65. Plat bleu décoré de nuages.
Cuivre émail cloisonné. Diam. 0,30.

66. Ceinture formée de quatre rectangles reliés par treize appliques ajourées. Ciselure en relief d'ornements boutonnés de rosaces en argent oxydé.
Bronze doré. Long. 1 mètre.

67. Plat cloisonné fond bleu, décoré de dragon dans les nuages au-dessus de vagues : bordure cloisonnée.
Émail. Diam. 0,20.

68. Rocher en bronze, partie creusée remplie d'émaux bleu et turquoise, sur socle cristal.
Bronze. H. 0,06.

69. Bol argent, gravé de dragons debout et d'oiseaux de Hôo émaillés en bleu, en relief. Cachet. Signé : *Daï Kitchi.*
Argent oxydé émaillé. H. 0,067, diam. 0,09.

70. Cuiller à manche en bois noir formant dragon. — Cuiller à manche racine, sertie bronze.

71. Rocher élevé, au pied duquel se voient, parmi des vagues, des mollusques en argent.
Bronze repoussé. H. 0,18.

72. Crapaud et vipère. Le crapaud, pustuleux, à patine brune, aux lèvres encore dorées, est fasciné par le reptile qui le contourne en se redressant. Signé : *Do Saï, modeleur-fondeur.*
Bronze de patines différentes. Très belle pièce portant un cachet. H. 0,25, long 0,22.

73. Grand disque plat, en bronze, dans un encadrement circulaire en bois gravé et laqué. Au centre, en haut relief, se détache une figure de Bouddha accroupi, dans le geste de la méditation. Le disque est élevé verticalement sur un haut socle à décor de lotus peints.
H. 0,53.

74. Deux Yorakou. Deux pendentifs de temple, composés d'une plaque de cuivre découpée, ajourée, gravée et dorée, représentant des lotus et des rubans, dans un encadrement en cuivre. Sur ce fond se détache, en relief, une grosse torsade dorée dont les bouts supportent des pendeloques en laiton.
Cuivre doré. H. avec anneau 0,40.

STATUETTES BOUDDHIQUES

75. La naissance du Bouddha Çakya Mouni. Debout sur un lotus épanoui, l'enfant élève la main gauche vers le ciel et abaisse la droite vers la terre, en signe de *prise de possession* du monde. Il est vêtu seulement d'une étoffe à ornements gravés, formant plastron sur son ventre et nouée par derrière autour de sa taille. Socle de lotus.
   Bronze doré. H. 0,17.

76. Le Bouddha naissant. Bronze.

77. Le même. Vieux fer laqué. traces d'or. Cassure.

78. Amida, assis, dans le geste de la méditation, les mains ramenées sur le giron. Grand socle avec lotus saillants. Belle patine.
   H. 0,20.

79. Bouddha accroupi. Il a les cheveux frisés en petites boucles, l'*ûrnâ* au front, les longues oreilles. Socle à double rang de lotus.
   Bronze uni doré. H. 0,105.

80. Bouddha minuscule, assis, les jambes repliées, dans une pose méditative. Le sommet du crâne est rasé, les cheveux sont frisés.
   Bronze doré. H. 0,01.

81. Un enfant debout, les mains jointes paume contre paume, dans l'attitude de la prière. L'écharpe céleste flotte derrière sa tête.
   Bronze doré. H. 0,07.

82. Kwanon, assise dans une attitude gracieuse, les jambes repliées (*pose subactive*). Les mains ramenées dans le giron font le geste mystique de la *méditation*. La chevelure est relevée en un haut chignon sur lequel est posé un diadème à cinq lobes, décorés chacun de l'un des Dhyani-bouddhas (Amitâbha). Un châle posé sur le sommet de sa tête retombe sur la robe.
   Fer doré. Haut. 0,28.

83. KWANON, A L'ENFANT. Un châle est posé sur sa haute coiffure. Elle est assise, les deux mains superposées dans son giron. Près d'elle, l'enfant prie, debout, mains jointes.
Métal laqué or. H. 0,21.

84. KWANON accroupie, la main droite sur son genou relevé. Elle est largement drapée dans une étoffe qui retombe de sa haute coiffure.
Bronze chinois à belle patine brune. H. 0,20.

85. KWANON assise, tenant un rouleau dans la main droite. Sa coiffure est relevée en une grosse natte. Elle a l'ûrnâ au front. Haut socle formé de rochers dorés en bois sculpté.
Bronze à patine brune. H. 0,25.

86. KWANON accroupie, la tête couverte d'une haute coiffure d'où une étoffe à plis parallèles retombe sur ses épaules. Elle tient de ses deux mains un grand objet de forme triangulaire.
Pièce ancienne, en fer à vieille patine terreuse. H. 0,18.

87. STATUETTE DE KWANON, debout au milieu des rochers.
Belle pièce en fer. H. 0,17.

88. KWANON, accroupie. Les mains font le geste de la méditation. L'épaisse chevelure noire est couverte d'un voile jeté sur la tête.
Belle pièce en fer laqué et doré. H. 0,37.

89. LE BODHISATVA KWANON DEBOUT. Grand personnage à coiffure pointue, tenant un lotus de la main gauche et faisant de la droite le geste de prédication. Pièce ancienne de style archaïque.
Bronze patiné brun et rouge. Socle bois. H. 0,35.

90. AVALOKITEÇVARA assis sur un socle de lotus. De la main droite (dont deux doigts sont brisés), il fait le geste d'argumentation ; la main gauche tient le flacon d'ambroisie. Il est vêtu du riche costume des Bodhisatvas et porte sur la tête un haut diadème ajouré, orné d'une statuette d'Amitâbha. Le socle est formé d'une double couronne de lotus, reposant sur une galerie plate à balustrade.
Fer avec parties encore dorées. H. 0,58.

91. UN BODHISATVA à grosse tête, coiffé du diadème. Il est accroupi et tient une boule en sa main gauche.
Statuette en plomb doré, sur socle de bois ajouré. H. 0,23.

92. Un Bodhisatva, coiffé du diadème. Il est assis, la main droite levée, et tient de la gauche divers attributs.
Fer doré. H. 0,23.

93. Shen-Shu, un des deux gardiens des portes du Temple, en costume guerrier, avec l'armure complète et le casque en tête. Il est debout, la main droite appuyée sur le pommeau de son sabre fiché en terre. Socle sphérique.
Fer doré. H. 0,27.

94. Guerrier, à coiffure pointue dont les longs rubans retombent jusqu'à ses pieds. Sur le socle, une tête de dragon émergeant des flots.
Fer laqué polychrome, or et rouge. H. 0,32.

95. Divinité debout sur un rocher, et tenant de ses deux mains le Kapâla rempli de sang fumant. L'écharpe céleste flotte derrière sa tête. Pièce de style archaïque. Socle lotus.
Fer, avec traces de dorure. H. 0,18.

96. Divinité assise sur un éléphant couché.
Bronze à patine foncée. Socle bois ajouré. H. 0,11.

97. Un Lohan assis sur un haut rocher. Drapé dans un ample vêtement, il tient un rouleau de ses deux mains ramenées vers la poitrine.
Bronze à patine foncée. H. 0,20.

98. Un Saint personnage, au crâne rasé, debout sur un rocher, paré d'ornements flottants. Sur sa poitrine, se voit un pectoral encore doré.
Bronze à vieille patine brune avec parties dorées. H. 0,17.

99. Brule-parfums en forme d'un Lohan en méditation. Accroupi sur un rocher, le personnage a les jambes repliées et les mains rapprochées vers la poitrine. Ses membres disparaissent sous son ample vêtement.
Bronze patiné noir. H. 0,20.

100. Statuette de prêtre. Il est debout, le crâne rasé, et vêtu d'un costume laqué d'or.
Pièce en fer très ancienne. H. 0,17.

101. Statuette de prêtre, assis, les deux mains réunies sur les genoux, les chairs sont dorées, les vêtements en patine brune.

Fer doré. H. 0,25.

CONFUCIANISME ET TAOISME

102. Confucius, à longue barbe, la tête couverte du grand bonnet; il est assis, les mains croisées. Sa robe est décorée de divers animaux en relief.

Bronze doré. H. 0,21.

103. Le Philosophe Lao Tseu, le crâne rasé, assis sur le dos du buffle légendaire. Il tient en sa main un livre roulé.

Bronze chinois du xviie siècle, à patine foncée. H. 0,35, larg. 0,35.

Lao Tseu fut le fondateur du Taoïsme, ou doctrine du *Tao*, 600 ans avant notre ère.

104. Shang-ti, dieu du ciel dans le culte taoïste. Il est représenté barbu, la tête couverte du bonnet des lettrés, assis dans une pose méditative, sur un haut et large socle formant fauteuil en bois ajouré. Les mains sont cachées dans les manches d'un ample vêtement décoré d'ornements brodés, avec dragon sur la poitrine.

Bronze à patine brune. H. 0,40.

105. Wen Tchang, dieu des lettres, barbu, en costume de mandarin. Il est debout et tient à deux mains devant lui la tablette honorifique *(tsao pang)* dont il ne subsiste qu'un tronçon.

Fer à vieille patine terreuse. H. 0,27.

106. Kouei sing, protecteur de la littérature et dieu de la Grande Ourse; il préside aux examens. Il est représenté debout, un pied posé sur le *ngao* dragon-tortue émergeant des flots qui lui sauva la vie lorsqu'il tenta de se noyer, désespéré de n'avoir pu obtenir, à cause de sa laideur, la fleur d'or, prix d'un examen. Son visage est horrible, son attitude très mouvementée. De la main droite, il agite un pinceau à écrire, emblème de sa dignité de dieu des lettres; de la gauche, il tient un lingot d'argent, symbole des avantages matériels que peut procurer le pinceau. Il a un pied relevé en arrière et, derrière lui, un boisseau carré qui désigne les quatre dernières étoiles de la Grande Ourse. (Cette constellation porte en chinois le nom du *Boisseau*).

Vieux bronze à patine foncée. H. 0,40.

107. Kouan ti le dieu de la guerre, debout, coiffure pointue, avec écharpe tombant jusqu'à terre. Au socle, tête de dragon émergeant des flots.

Fer laqué. H. 0,32.

108. Kouan ti, debout, couvert d'un riche costume militaire, son fauchard sur le dos. De la main gauche, il se caresse la barbe.

Bronze à patine foncée. H. 0,11.

109. Le dieu de la longévité, au crâne très élevé, à la longue barbe. Il est assis sur un socle rocheux et tient d'une main le sceptre *jou-yi* et, de l'autre, le livré roulé. Un long ruban, noué derrière sa tête, retombe sur son dos.

Pièce en cuivre repoussé à patine brune et dorée encore dans les creux. H. 0,28.

110. Poutaï, assis auprès de son sac rouge. De sa main gauche, il tient serrée l'ouverture du sac. Son bras droit est appuyé sur son genou. Les parements de son vêtement sont décorés d'ornements gravés.

Pièce en bronze patiné, laquée d'or et de rouge, dont l'usure laisse par endroits apparaître le métal. Socle bois sculpté ajouré. H. 0,29, larg. 0,22.

Poutaï était un prêtre qui vivait au xe siècle de notre ère. On en a fait une incarnation de Meï Tsou Pou Sâ (Maitreya), le Bouddha futur. Souvent on l'appelle simplement P'ou Sâ. Il est resté célèbre pour sa grosseur, son amour des enfants, et l'habitude qu'il avait de porter toujours avec lui un grand sac. Au Japon, c'est le dieu cher aux petits garçons, sous le nom d'Hoteï, un des *dieux du bonheur*.

111. Poutaï, au gros ventre, à la mine souriante. Il est accroupi, la main droite sur son genou. Un enfant vient, de ses deux petites mains, lui presser le sein.

Bronze à patine brune. H. 0,10.

112. Poutaï, accroupi, tenant l'extrémité d'un sac près duquel est assis un enfant. Socle bois.

Bronze à patine brune. H. 0,06.

113. Poutaï, obèse, debout, le torse nu, son sac sur les épaules. Il rit, la bouche grande ouverte.

Bronze à patine rouge et or. Socle bois. H. 0,10

114. Le dieu des Émoluments, personnifié par un personnage en costume de mandarin, avec le grand bonnet de l'époque des T'ang. Il est assis sur un large fauteuil. Un petit cerf est accroupi devant lui. Pièce datée de 1436, longue inscription gravée sur le dos du siège.

Bronze à patine noire du temps des Ming. H. 0,25.

115. Li Tié Kouaï, le dieu des Mendiants, tenant en l'air son crapaud à trois pattes. Il est représenté debout, le torse nu, la jambe gauche posée sur un rocher, la droite relevée dans un mouvement sautillant.

Bronze à vieille p tine. H. 0,30.

116. Un prêtre, à coiffure plate. Il est agenouillé, les bras pliés, les mains ramenées vers la poitrine paume contre paume, dans le geste de la prière.

Pièce en cuivre repoussé et patiné argent clair de lune. H. 0,18.

117. Clochette cultuelle taoïste. Un petit disque doré, représentant le soleil, est fixé sur le haut d'une colonne à palmes qui repose sur un socle en forme de cloche.

Métaux divers. H. 0,24.

BRONZES DU TIBET

DIVINITÉS BOUDDHIQUES. — BOUDDHAS ET BODHISATVAS

LES BOUDDHAS

Le Bouddha est toujours représenté la figure douce et souriante. Il est vêtu d'une robe sans ornements, laissant à découvert le bras droit. La coiffure se termine par un haut chignon au sommet de la tête (*ushnisha*). Un autre trait distinctif est la présence sur le front d'un petit signe circulaire (*ûrnâ*). La tête est souvent entourée d'un nimbe ou d'une auréole.

118. Le Bouddha, assis sur un grand socle de lotus en relief. Il a l'*ûrnâ* en corail au milieu du front, les cheveux frisés autour d'un haut chignon, les oreilles démesurément allongées. La main droite fait le geste de *charité*, la gauche est ramenée dans le giron. Très belle pièce.

Bronze doré. H. 40.

119. Çakyamouni (en tib. *Çakya Tub-pa*), assis, les jambes repliées, dans la *pose subactive*. La main droite fait le geste de toucher la terre (*geste de la prise à témoin*). Les cheveux, divisés en petites boucles frisées, sont relevés sur le sommet de la tête en un haut chignon. Socle de lotus.

Bronze doré. H. 0,18.

Le Bouddha méditait sous l'arbre sacré de la Bodhi, quand il fut en butte aux tentations de Mâra; à ce moment, dit la légende, il toucha la terre du bout de sa main droite en la prenant à témoin de sa résolution inébranlable. C'est pourquoi on appelle ce geste la *mudrâ de la prise à témoin*.

120. Çakyamouni, au patra, assis, les jambes repliées. Il tient de la main gauche le *pâtra* (vase à aumônes); la main droite est pendante. Socle de lotus.

Bronze doré. H. 0,09.

Dans l'iconographie bouddhique, le lotus sur lequel les personnages sont présentés, assis ou debout, est le symbole de leur naissance divine.

Toute cette série de *Bronzes du Tibet* se compose de pièces rares qui ne se rencontrent qu'en très petit nombre dans les collections particulières et même dans les grands Musées. Nous avons pu les décrire grâce à quelques savants ouvrages auxquels nous nous plaisons à rendre hommage :

1° Le précieux *Catalogue de la Collection Gumbel*, par MM. Deniker et Deshayes.

2° L'excellente notice de M. J. Hackin sur la *Collection Bacot* exposée au Musée Guimet. M. Hackin a bien voulu, d'ailleurs, nous prêter son concours pour l'identification de nos principales divinités.

3° La *Mythologie du Buddhisme au Tibet et en Mongolie*, par Grünwedel.

4° L'*Iconographie Bouddhique*, de M. A. Foucher.

5° Le *Guide au Musée Guimet*, de M. de Milloué.

6° Les *Fêtes populaires des Chinois*, par De Groot.

7° Le *Buddhisme au Tibet*, par Schlagintweit.

121. Çakyamouni, au vajra. Il est accroupi, les jambes repliées, sur un socle de fleurs de lotus. La chevelure est frisée, autour d'un haut chignon. La main droite abaissée fait le geste mystique du témoignage. Le buste est d'une longueur anormale. Sur le socle triangulaire orné de lotus est posé un *vajra* (foudre).

Bronze doré. H. 0,27.

122. Çakyamouni au vajra. Il est assis, les jambes croisées et repliées, sur un lotus à deux rangs de pétales opposés. La main droite fait le geste *de la prise à témoin*, la main gauche ramenée horizontalement dans le giron, paume en l'air. Les cheveux, divisés en petites boucles frisées, sont relevés sur le sommet de la tête en un haut chignon conique. Les lobes des oreilles sont démesurément allongés. Le corps est doré et en partie couvert d'un manteau. Devant lui, sur le socle, est posé un *vajra*. Socle de lotus.

Bronze doré. H. 0,17.

123. Un Dhyani-Bodhisatva, les paupières baissées, les mains jointes, dans un geste de prière. Il est couronné du diadème aux cinq Bouddhas. Socle gravé.

Bronze doré. H. 0,21.

124. Vajradhara (?) (en tib. *rDo-rje c'ang*). Il est accroupi sur un socle à double rang de lotus, la main droite faisant le geste d'argumentation, la gauche tenant un fouet. Il est paré de riches ornements aux épaules et sur le buste. Sa coiffure, relevée en un haut chignon, est ceinte du diadème à cinq palmettes.

Bronze à patine brune. H. 0,26.

125. Amitayus (en tib. *Tsé-Dpag-Med*). C'est une des formes du Dhyâni-Bouddha Amitâbha, envisagé comme dieu de la longévité. Il est accroupi, les jambes repliées. Ses cheveux très longs descendent jusqu'aux coudes; des anneaux ornent ses oreilles allongées.

Bronze doré. H. 0,26.

126. Amitayus, assis les jambes repliées. De ses deux mains ramenées sur son giron, il tient le vase à ambroisie. Sa tête est ornée du diadème à cinq fleurons; à son cou pend un riche collier.

Bronze doré et gravé. H. 0,12.

LES BODHISATVAS

Les Bodhisatvas, dit M. Deniker, sont des êtres qui représentent le dernier stade de la transmigration ou des renaissances qu'on doit parcourir pour parvenir à l'état de Bouddha. Ils sont affranchis de la transformation en êtres inférieurs. Ce sont donc de véritables « Bouddhas désignés ». Le costume des Bodhisatvas, dit M. Foucher (*Iconographie bouddhique*), est tout le contraire de celui des Bouddhas. Ce n'est plus l'habit d'un moine, mais celui d'un vrai Indou, paré de riches ornements. Comme les Bouddhas, les Bodhisatvas ont l'ûrnâ, mais n'ont pas le chignon (*ushnisha*). Ils sont le plus souvent couronnés du diadème à cinq lobes occupés chacun par un des Dhyâni-Bouddhas (Amitâbha) assis. Leurs attributs sont : la Roue, l'Aiguière, le Lotus, l'Épée, etc.

127. Un Bodhisatva, la tête coiffée du diadème à cinq palmettes. Il est assis et fait le double geste de l'*argumentation* et de la *prise à témoin*. Socle de lotus. Belle pièce enrichie de turquoises et autres pierres.

Bronze doré. H. 0,15.

128. Maitreya, le futur Bouddha (en tib. *Byams-pa*). Il est assis, le diadème sur la tête. Des tiges de lotus encadrent ses épaules. Il est paré d'ornements en relief ciselés et enrichis de cabochons de turquoises et de rubis.

Bronze doré. H. 0,14.

129. Maitreya, le Bodhisatva qui succédera au Bouddha Çâkyamouni. Il est assis sur un lotus dont la tige s'élève au milieu d'un socle à portiques. De la main gauche, il fait le geste de l'*enseignement ;* de la main droite, part une fleur de lotus qui se redresse vers ses épaules et supporte une aiguière. La tête est couronnée du diadème aux cinq Dhyâni-Bouddhas.

Fer doré. H. 0,22.

130. Maitreya, sur un socle très élevé, en forme de cloche recouverte d'une draperie, que supporte une couronne de lotus. Il est assis, une jambe repliée, l'autre posant à terre. Sa tête est coiffée d'un diadème à trois palmettes d'où descendent deux chainettes terminées par un ornement (celle de droite manque). Les paupières baissées, le menton appuyé sur la main droite, donnent à la figure une expression méditative et très douce. Pièce d'un beau style.

Bronze doré. H. 0,33.

131. Maitreya, debout sur un lotus renversé. Sa main droite fait le geste de la bénédiction, la gauche tient l'aiguière. Ses cheveux

sont relevés en un haut chignon. Deux nattes tombent sur ses épaules. Son front est surmonté d'un diadème à trois palmettes, orné sur le devant d'un petit Amitâbha assis. Les parures sont en fort relief. Pièce d'un style archaïque évoquant le souvenir de quelque œuvre de la statuaire de notre Moyen âge.

Bronze à belle patine dorée. H. 0,35.

132. Maitreya, accroupi. Le petit Amitâbha orne le milieu de son diadème. De chacune de ses mains part une tige de lotus qui remonte jusqu'aux épaules et supporte l'oiseau et l'aiguière. Fer à parties encore dorées.

Très vieille pièce. H. 0,27.

133. Maitreya. Il est debout, les deux mains levées à la hauteur de la poitrine et faisant le geste de l'enseignement. De chacune de ses mains part une fleur de lotus, celle de droite supportant la *roue de la loi*, celle de gauche l'aiguière. Le Bodhisatva est représenté avec des chairs brunes; il est couvert de riches ornements dorés et porte en tête un diadème à cinq palmettes cabochonnées.

Bronze patiné brun et or. Socle bois. H. avec socle 0,37.

134. Maitreya, assis, faisant le geste de l'*enseignement*. Il porte le diadème aux cinq lobes et de riches ornements rehaussés de turquoises.

Bronze doré. Haut. 0,11.

135. Maitreya, assis, dans la pose du *lalita*, fait de la main gauche le geste de l'*argumentation* et, de la main droite, le geste de charité.

Bronze doré. H. 0,10.

136. Avalokiteçvara, le protecteur spécial du Tibet, où il jouit d'une grande popularité. Il est représenté accroupi sur un socle, tenant, de la main gauche, le vase à ambroisie, et, de la droite, la perle enflammée. Sa tête est couronnée d'un diadème portant au centre une petite figure de Bouddha. Socle arrondi, décoré d'ornements gravés.

Bronze doré. H. 0,25.

137. Manjuçri (tib. *Jam-dpal*), un genou en terre. Il brandit un sabre de la main droite et tient, de la gauche, un bouclier à tête de chimère rappelant la Gorgone classique. Socle de lotus.

Bronze doré, avec parties émaillées de bleu. H. 0,16.

138. Manjuçri, la tête couronnée. Il est assis, la main droite posée sur le genou, la gauche tenant un sceptre.

Bronze doré. H. 0,16.

139. Amitayus, assis, et tenant sur ses deux mains, ramenées dans son giron, le vase d'ambroisie. La tête est couronnée d'un diadème flammé.

Bronze doré. H. 0,07.

Divinités féminines

140. Çyamavarna (tib. *sGrol-ljang*), la Târâ par excellence, divinité féminine. Assise sur un socle de lotus, une jambe pendante, l'autre repliée, dans la pose du *lalita*, elle fait, de la main gauche levée, le *geste qui rassure* et, de la main droite abaissée, le *geste de charité*. Le costume se compose de la jupe serrée à la taille par une ceinture à boucle. Le buste est nu, un collier pend sur la poitrine. La tête est couronnée du diadème des Bodhisatvas. Des tiges de lotus partant des deux mains s'élèvent à droite et à gauche. Socle de lotus.

Bronze doré gravé. H. 0,15.

Contrairement aux principes du bouddhisme primitif, dit M. de Milloué, le Lamaïsme admet des Bodhisatvas féminins, tous d'ailleurs transformations de déesses civaïtes, des sortes de *Kâli* bienfaisantes.

Les Târâs sont très populaires parce que, à l'encontre des autres divinités, elles ont seules le pouvoir d'intervenir auprès des Bouddhas en faveur des croyants, sur la simple prière de ceux-ci, sans l'intermédiaire d'un prêtre.

141. La Tara blanche, avec le troisième œil au front et un œil à la plante des pieds. Elle est accroupie, les jambes repliées. Sa tête est couronnée du diadème à cinq lobes ; un double collier pend à son cou. De chaque main elle fait un geste mystique. Socle de lotus.

Bronze doré. H. 0,22.

142. La Tara verte, une couronne sur la tête. Elle est assise dans la pose du *lalita* et fait des deux mains le geste *d'argumentation* et

de *charité*. Le torse est nu, les chairs sont à patine brune, les étoffes et les ornements sont dorés. Socle de lotus.

Bronze doré.

143. LA TARA VERTE, assise, couronnée d'un diadème surmonté d'un petit Bouddha. Mêmes gestes mystiques que la précédente, mêmes tiges de lotus formant encadrement.

Bronze doré, enrichi d'ornements. H. 0,15.

144. LA TARA VERTE, même pose, même décor. Belle pièce en bronze doré, enrichie de cabochons de turquoises et autres pierres.

H. 0,15.

145. USHNISHA-VIJAYA (tib. *Rnam-Par-Rgyal-ma*), à huit bras et à cinq têtes diadémées. Un des bras tient le sistre à anneaux mobiles. La divinité est accroupie, les jambes croisées, sur un socle de lotus. Très belle pièce enrichie de perles, de turquoises et autres pierres.

Bronze doré. H. 0,17.

146. USHNISHA-VIJAYA, à huit bras et à trois têtes diadémées, avec cabochons de pierreries. Elle est accroupie sur un lotus. Six de ses mains portent des attributs : vajra, hache, lacet, roue ; des deux autres partent des tiges recourbées formant comme des cerceaux devant la divinité.

Bronze doré. H. 0,10.

Les Yi-Dam, ou Dieux Protecteurs et les « Terribles »

147. VAJRASATVA (tib. *rDo-rje Sems dPa*), le premier des *Yidam* ou « Protecteurs ». Debout avec la Çakti qu'il enserre de ses deux bras, ses mains se croisant, poignet contre poignet. La Çakti a le long collier de crânes. Elle enlace de ses jambes le torse du dieu. Vajrasatva foule aux pieds un petit personnage nu étendu sur le socle, formé de pétales de lotus. Pièce d'une fine ciselure, enrichie de turquoises et autres pierres.

Bronze doré. H. 0,20.

« L'attitude dans laquelle se trouvent les divinités avec leur *Çakti*, dit M. Deniker, est appelé en tibétain *Yab-Yum*, c'est-à-dire littéralement *Père-Mère*. Rien que ce terme indique, qu'aux yeux des croyants, il ne s'agit dans cette attitude que de la procréation, et il faut dire qu'aucun bouddhiste n'y voit quelque chose d'obscène. D'après les livres sacrés, au contraire, c'est l'emblème suprême de l'union de la matière (énergie féminine) avec l'esprit (énergie masculine), l'un fécondant, l'autre pour créer la vie (énergie vitale d'un nouvel être). »

148. Vajrapani (tib. *Phyag-rdor*), « défenseur » des dieux serpents et dieu de la pluie. Il est représenté marchant à droite et foulant aux pieds des serpents. La main droite tient un *vajra*, la gauche fait un geste mystique. Un long serpent lui forme un collier qui, après avoir fait le tour du cou, vient se nouer sur son abdomen. Riche ornementation en relief.

Bronze doré, Socle de lotus et de serpents, en bois doré. H. avec socle 0,245, larg. 0,215.

149. Vajrapani (ou *Mahâkâla*, sous une de ses formes), debout, sur un personnage étendu sur le dos. Il a un œil frontal et les cheveux relevés en un haut chignon où s'enroule un serpent. Il porte le diadème à cinq palmettes ; de riches ornements en relief décorent son costume largement ouvert, laissant le ventre à nu. Un serpent lui sert de ceinture, un cordon de têtes coupées lui fait un hideux collier. De la main gauche, il tient le *Kapâla* plein de sang fumant, et, de la droite, un *vajra*. L'écharpe céleste flotte derrière lui.

150. Vajrapani à six bras. Debout, les jambes écartées, dans un mouvement de violente fureur, il piétine un cadavre. Il porte en tête un diadème ; autour de son corps est enroulé un long collier de têtes coupées. Socle de lotus. Pièce enrichie de turquoises et de rubis.

Bronze doré. H. 0,08.

151. Vajrapani, debout, les jambes écartées, le ventre nu. Sa tête est parée du diadème. Il a le troisième œil au milieu du front. De la main droite, il brandit un foudre. Belle pièce ornée de turquoises et de perles.

Bronze doré. H. 0,12.

152. Hayagriva (tib. *rTa-Mgrin*), l'un des Huit « Terribles ». Il est représenté debout, avec une triple tête portant un œil frontal. De sa chevelure, ébouriffée, en forme de flammes, émerge une tête hennissante de cheval. L'expression de la figure est terrible et rappelle que, si le dieu est très bénin envers les hommes,

il est la terreur des démons. Il a huit bras dont deux font le geste de prière; les mains droites tiennent un vase, un clou (qu'on emploie pour les conjurations de démons et qui est l'origine du *Phur-bu* tibétain ou poignard rituel); les mains gauches portent la roue et le double *vajra*.

Bronze. H. 0,31.

153. MAHAKALA (tib. *mGon-po Yid-bji Nor-bu*). Il a six bras, des cheveux rouges hérissés, un diadème sur la tête et l'écharpe céleste. Il tient, à droite, le grig-gug (couperet en forme d'S), le kapâla, le cintamani (joyau en forme de cinq pierres précieuses enflammées); à gauche, le trident *(triçûla)* et la pagode. C'est une des formes de Mahâkâla, le « Protecteur Blanc ».

Bronze doré. H. 0,10.

154. MAHAKALA (une des formes de), à coiffure de flamme, avec le troisième œil au milieu du front. Son diadème est formé de cinq crânes. Il marche, en foulant aux pieds un personnage nu couché sur le dos. Un double collier entoure son cou et retombe le long du corps, l'un formé de têtes coupées, l'autre d'un long serpent. Dans ses mains, il tient un *vajra* et un *grig-gug*. Rubans et ornements en relief. Socle de lotus stylisé.

Bronze à belle patine d'or. H. 0,17.

155. KUVERA (tib. *Dsam-bha-la*), debout, les jambes écartées, sur un cadavre aplati à terre. Le diadème des Bodhisatvas est posé sur sa tête, et des bracelets ornent ses poignets et ses chevilles. Il tient, de la main droite, le kapâla (coupe faite d'un crâne), et de la gauche, la mangouste vomissant des perles.

Bronze doré. H. 0,10.

LAMAS ET OBJETS DU CULTE

156. TSONG-KHA-PA, le réformateur du Lamaïsme et le fondateur de la secte orthodoxe des *Gelugpa* (bonnets jaunes), dont le chef actuel est le Dalaï-Lama de Lhasa. Il est en costume de moine, accroupi, les jambes repliées; les deux mains levées à la hauteur de la poitrine font un geste mystique et tiennent les tiges de deux lotus qui s'élèvent en encadrant le personnage. Socle de fleurs de lotus.

Bronze doré. H. 0,14.

157. TSONG-KHA-PA, à haute coiffure circulaire. Il est accroupi, les jambes repliées, et fait le geste de la charité. Deux tiges de lotus en fort relief s'élèvent vers les épaules.

Bronze doré, belle patine. H. 0,17.

158. PETIT RELIQUAIRE, formé d'un disque à deux glaces, contenant des pierres consacrées reposant sur des pétales de lotus, montés sur un socle en forme d'autel.

Bronze doré et gravé. H. 0,07.

159. VAJRA, à cinq pointes, partie médiane ciselée de lotus.

Bronze doré. Long. 0,19.

Le *Vajra* est un petit sceptre représentant la foudre. On l'appelle Kô en japonais.

Les Kôs, dit M. de Milloué, sont des instruments employés par les prêtres au cours des cérémonies bouddhiques et dans les exorcismes. Il y a le *Dô-Kô* simple qui sert aux prêtres du rang inférieur ; le *San Kô* « trois Kôs » qui symbolise les trois manières d'être des Bouddhas ; le *Gô-Kô* « cinq Kôs » emblème des cinq Bouddhas suprêmes. Ce dernier n'est employé que par les prêtres du plus haut rang.

160. VAJRA à trois pointes.

Bronze doré. Long. 0,21.

161. VAJRA à huit branches, ciselé de lotus.

Bronze doré.

162. VAJRA à deux pointes.

Bronze. Long. 0,11.

163. UN SAN-KÔ et un GÔ-KÔ, aplatis.

Bronze. Long. 0,11.

164. POIGNARD MAGIQUE (*Phur-bu*), composé de trois lames triangulaires accolées les unes aux autres, et d'un manche formé de trois têtes grimaçantes et couronnées, au-dessus d'une tête d'éléphant.

Cuivre. Long. 0,17.

Ces poignards sont employés dans les offices magiques contre les démons, et dans certaines danses sacrées.

165. POIGNARD MAGIQUE (manche de), formé d'un *Vajra* à huit pointes sur une tête de Bodhisatva diadémée.

Bronze doré. Long. 0,15.

TABLETTES VOTIVES EN ARGILE

166. UNE TABLETTE, poterie noire, où sont représentés en bas-reliefs : Manjuçri et sa Çakti enlacés. — UNE TABLETTE, poterie rouge dorée. Avec Tsong Kha-pa, entouré de quatre acolytes. — UNE TABLETTE en terre. Avec un Bodhisatva nimbé, accroupi, les mains jointes.

STATUETTES BRAHMANIQUES DE L'INDE

167. LAKCHMI A QUATRE BRAS ET KAMA. La déesse, aux formes très accusées, est assise et tient l'enfant sur son genou gauche.

Charmante pièce en bronze doré, décorée de turquoises et de rubis. H. 0,11.

168. LAKCHMI, épouse du dieu Vichnou, déesse de la beauté et de la fortune. Elle est représentée debout, une tiare sur la tête, les seins proéminents, le torse cambré. Pièce minuscule

Bronze patiné rouge. (Un avant-bras manque.) H. 0,05.

LAKCHMI. Petite statuette.

Bronze. H. 0,05.

169. PARVATI, déesse de la terre, à quatre bras tenant divers attributs. Elle est assise, la jambe gauche repliée.

Jolie statuette indienne en cuivre. Haut socle carré bronze doré. H. 0,10.

170. VICHNOU, à quatre bras tenant des attributs. La tête est couronnée d'une haute tiare.

Bronze, patine brune. H. 0,12.

171. KRICHNA jeune gambadant. Deux statuettes à haute coiffure.

Bronze indien, à patine terreuse.

172. GANÉÇA, dieu de la sagesse, protecteur de la science et de la littérature, fils de Çiva et de Parvati. On le représente avec un gros ventre, quatre bras et une tête d'éléphant. Les attributs sont la conque, le disque, la massue, la hache et quelquefois un lotus ou un fruit.

Bronze indien, patine brune. H. 0,08.

GANÉÇA. Autre statuette, assez fruste.

Bronze indien. H. 0,08.

173. GARUDA. Haute coiffure en forme de stûpa, attitude de la prière. Socle à étages.
Bronze patiné. H. 0,08.

174. PENDENTIF. Disque ajouré, ciselé de fleurettes. Au centre, personnage en haut relief, à tête d'animal, marchant à grande enjambée. Au-dessus, une petite divinité sur un dragon.
Cuivre indien. H. 0,20, diam. 0,15.

175. DIVINITÉS INDIENNES. Onze petites statuettes de Lakchmi, Parvâti, Vichnou, etc.
Bronze et fer.

BRONZES CAMBODGIENS ET SIAMOIS

176. AUTEL CAMBODGIEN, en forme de stûpa. Sur un trône que supporte un socle à étages et à haut dossier, est assis un Bouddha faisant, de la main droite, le geste de la *prise à témoin*. Sa haute coiffure se termine en pointe.
Pièce dorée et ornée de verroteries de couleurs. H. 0,75, larg. 0,40.

177. LE BOUDDHA ÇAKYA MOUNI, abrité sous un haut parasol à galeries fixé derrière son dos. Il est debout, les deux mains ouvertes, la paume en dehors. La coiffure est une sorte de tiare à étages, surmontée d'un haut stûpa. De longs ornements se voient aux oreilles et aux épaules. Socle octogonal à étages.
Pièce complètement dorée, avec ornements en relief enrichis de verroteries. H. 0,37.

178. BOUDDHA DU CAMBODGE, assis, faisant le geste de la méditation. La tête est encadrée d'un nimbe sur lequel se voient en fort relief cinq petites têtes.
Pièce ancienne, fruste, en métal à patine terreuse et empâtée. H. 0,17.

179. BOUDDHA DU CAMBODGE, assis sur un socle décoré en relief d'ornements. Il fait le geste de la *prise à témoin*. Il porte sur la tête une haute coiffure en forme de *stûpa*.
Fer laqué or. H. 0,18.

180. Bouddha indo-chinois, assis sur un trône à triple étage richement décoré. Le torse est en partie nu, la robe est formée d'une résille de mailles et de palmettes, tout dorée. La main droite fait le geste de la *prise à témoin*, la gauche est ramenée dans le giron.
Bronze doré. H. 0,27.

181. Petite statuette bouddhique du sud de l'Inde, à haute coiffure pointue. Elle est accroupie sur un socle élevé.
La divinité est en argent repoussé. H. 0,05.

182. Six statuettes de Bouddhas indo-chinois, à coiffure en forme de stûpa, accroupis sur des socles à étages.
Métaux divers. H. de 0,10 à 0,15.

183. Danseuse cambodgienne, à haute coiffure en stûpa. Le visage, les mains et les pieds sont peints en vert foncé. La coiffure, les vêtements et les ornements sont dorés et agrémentés de verroteries.
Bois doré. H. 0,59.

184. Danseuse siamoise, d'un mouvement charmant. La coiffure et le vêtement sont ornés d'une décoration en relief.
Métal entièrement doré. H. 0,21.

185. Une danseuse sacrée. De sa haute coiffure s'échape une longue natte.
Bronze à patine brune. H. 0,09.

BOIS SCULPTÉS

DE LA CHINE ET DU JAPON

186. GRANDE BOITE EN LAQUE DE PÉKIN, en forme de pêche gigantesque, ciselée et ajourée. Le couvercle est orné d'une grande corbeille à attributs religieux. Au-dessous, un caractère de félicité entre deux dragons dans les nuages. Des sujets légendaires et des attributs sont gravés sur le pourtour. Intérieur en laque noire divisé en huit compartiments.

Belle pièce, légèrement écornée. Larg. 0,41, épaisseur 0,17.

187. COUPE circulaire en laque de Pékin, ciselée de temples et de personnages. A l'intérieur, doublure en argent; cercle en argent au talon.

Bois laqué. H. 0,055, diam. 0,10.

188. ÉCRAN vertical en laque de Pékin, ciselé, avec applications en relief d'attributs de couleur et de pierres dures polychromes. Montants et supports en bois, avec plaque de porcelaine blanche décorée de fleurs stylisées, de dragons et d'un caractère antique.

H. 0,65.

189. ÉTUI à pinceau, ciselé, sur quadrillé d'oiseaux, de bambou et de fleurs.

Bois laqué de Pékin. H. 0,215.

190. CANIF breloque, ciselé de dragons et de nuages. Garniture en argent.

Laque rouge. Long. 0,11.

191. JOU-YI. Sceptre en laque de Pékin, ciselé de personnage, de fleurs, d'attributs et de chimères, sur fond de rosaces hexagonales. Sur le champ, décor de swastikas et, au-dessous, fond d'hexagones entrelacés.

Bois laqué.

192. GRANDE BOITE sculptée, laquée, avec applications en fort relief de nacre, ivoire et coraux. Elle est formée d'une longue et large section de bambou aplati, fendu par le milieu. Sur le couvercle, au

centre, un sujet légendaire en très haut-relief : Divinité debout, sur un dragon marin nageant dans les flots. En face, un personnage accroupi, sous un pin géant. Parties laquées d'or avec applications de nacre et d'ivoire. Nombreux coquillages et matières précieuses. L'intérieur de la boite est entièrement laqué noir et orné de poissons en corail, nacre, ivoire. Signé : *Araï-to-ouné*.

Bois laqué. Long. 0,44.

193. Coupe carrée, rétrécie à la base en forme d'auge de maçon. Pièce laquée noire, finement décorée en burgau à chaudes irisations, nous montrant des philosophes réunis dans des paysages. A l'intérieur, parties argentées et oxydées.

Bois laqué. H. 0,055, larg. 0,11.

194. Jou-yi. Sceptre en bois, sculpté d'un gros champignon et d'autres petits cryptogames, avec branchages courant le long du manche. Belle pièce finement sculptée et ajourée.

Bois. Long. 0,39.

195. Bateau en bois, sculpté. Philosophe assis au bord de l'eau près d'un plaqueminier.

Bois. Long. 0,25.

196. Bateau bois, ajouré, très finement sculpté de petits personnages près d'un bois de pins. Socle bois sculpté de vagues.

Bois. Long. 0,29. larg. 0,28.

197. Racine contournée en chenille à grosse tête, avec aspérités à bouts métalliques.

Long. 0,07.

198. Grand plateau de table, carré, gravé d'un dragon doré à trois griffes.

Bois laqué. Larg. 0,90.

199. Trois pitongs, en bambou, gravés et sculptés de cavaliers chassant le tigre, de philosophes et de paysages.

H. de 0,14 à 0,18.

200. Bloc de bois sculpté, représentant une porte fortifiée, sous laquelle se rencontrent un cavalier et un piéton gesticulant gaiement.

Bois. H. 0,28, larg. 0,12.

201. CACHET gravé, surmonté d'une chimère sur un socle.
Bois.

202. DEUX CHANDELIERS japonais. Onis cornus, à très longues jambes, mains et pieds à trois griffes.
Bois laqué polychrome. H. 0,43.

203. MASQUE japonais de diable à visage contracté, avec canines en ivoire. Pièce ancienne, en bois laqué rouge. Signé : *Masayouki*.

Statuettes Bouddhiques

204. LE BOUDDHA ÇAKYAMOUNI, debout sur un très haut socle circulaire à galeries superposées. Il a l'ûrnâ au front ; ses paupières sont baissées, son visage respire le calme. Sur ses cheveux frisés se détache en avant un cabochon rouge. Les mains font le geste de charité. Un immense nimbe ovale encadre la tête. A ses pieds, ses deux *assistants*, petits personnages, debout dans l'attitude de la prière.
Bois sculpté doré. H. au nimbe 1,10.

205. UN BOUDDHA JAPONAIS, l'ûrnâ au front, les cheveux relevés en un haut chignon. Il est accroupi et tient de la main droite une branche de lotus ; la gauche fait le geste de la bénédiction. Les chairs sont dorées, les draperies laquées en ton jaunâtre, l'étole est rouge.
Très belle pièce en bois sculpté laqué polychrome. Signature sous le socle : *Issai*. H. 0,13.

206. BODHISATVA debout sur un lotus. Il a l'ûrnâ au front, la tête est couverte d'une haute coiffure pointue. Les mains sont rapprochées dans le geste de la prière. Socle de lotus. Bois naturel enfumé, avec des parties encore dorées.
Pièce finement sculptée. H. 0,20.

207. KWANON à haute coiffure de forme pyramidale. Elle est assise, le buste nu, accoudée sur le genou droit relevé, la jambe gauche pliée. La tête s'incline nonchalamment sur la main droite. La main gauche s'appuie sur le sol. Le visage est d'une douceur calme, les paupières sont baissées, et l'expression méditative est d'une divine sérénité.
Belle pièce en bois laqué rouge, jaspé de noir. H. 0,28.

208. KWANON, assise sur un socle de lotus, les jambes repliées. Son chignon élevé est recouvert du châle qui retombe sur ses épaules. Elle fait le geste mystique de la *méditation*.
Bois laqué or et polychrome. H. 0,26.

209. KWANON accroupie. Elle a le voile ramené sur le haut de la tête. Le genou droit est relevé, la jambe gauche repliée. Les chairs sont peintes en rouge.
Vieux bois encore doré. H. 0,27. (La main gauche manque.)

210. KOUAN-YIN, à six bras, à haute coiffure ornée de deux étoiles. Elle est représentée assise sur un socle formé d'un lotus épanoui, sur une base de rochers. Les bras portent divers attributs.
Bois à fin décor doré. Vieille patine d'encens. H. 0,27.

211. DÉESSE sur un éléphant couché. Sa tête est nue et sa chevelure retombe sur ses épaules. Son attitude exprime le calme et la sérénité.
Bois sculpté, de belle patine. H. 0,13. (La trompe de l'éléphant est cassée.)

212. UN SAINT bouddhiste, la tête rasée, les mains rapprochées dans un geste d'adoration. Il est vêtu d'un ample costume de prêtre à décor de nuages. Une auréole circulaire encadre sa tête. Il est debout sur un haut socle à plusieurs étages.
Bois entièrement doré. H. 0,60.

213. UN PRÊTRE au crâne rasé, debout, les mains paume contre paume dans le geste de l'adoration.
Bois sculpté laqué brun et or usé. H. 0,15.

Divinités taoïstes et pièces diverses.

214. KOUAN TI, le dieu de la guerre, et aussi un des dieux de la littérature. Il est debout, en riche costume militaire peint et doré. La main droite tenait un sabre (absent). La main gauche fait le geste d'*argumentation*. L'écharpe céleste flotte sur ses épaules. Les chairs sont recouvertes de laque rouge.
Bois laqué polychrome. H. 0,20.

215. Kouan ti debout, se caressant la barbe de la main gauche. Les vêtements sont décorés d'ornements en relief. Pièce enfumée.

Bois laqué polychrome. H. 0.17. (Il manque la main droite et un pied.)

216. Kouan pin et Tchéou-Sang, le fils de Kouan ti, le dieu de la guerre, et son fidèle acolyte : tous deux sont en costume guerrier, couverts d'une riche armure, et coiffés d'une sorte de calotte surmontée d'un ornement enroulé. Ils sont debout sur un haut socle de rochers.

Bois laqué or et rouge. H. 0.31.

217. Tchéou-Sang, serviteur de Kouan ti, tenant de la main droite un fauchard abaissé, et, de la gauche, se caressant la barbe. Les chairs sont recouvertes de laque rouge, les jambières sont dorées.

Bois gravé et laqué polychrome. H. 0.17.

218. Bichamon, dieu japonais de la guerre, et l'un des Shi-tennô. Il est représenté foulant aux pieds un démon: il tient dans la main droite la pagode, dans l'autre la lance.

Bois polychromé et doré. H. 0,50.

Les « Quatre Rois du Ciel » (*Shi-tennô*) sont les dieux qui protègent le monde contre les démons. Chacun d'eux garde un des points cardinaux : Bishamon, le Nord ; Kômoku, le Sud ; Jikoku, l'Est; Zôchô, l'Ouest.

219. Un des « Quatre rois du ciel », debout, foulant aux pieds des démons. Sa main droite levée tenait une lance, la gauche est posée sur la hanche. Base formée de rochers. Socle à étages gravé et sculpté d'ornements dorés.

Pièce en bois sculpté doré, patinée par les vapeurs des parfums. H. 0,30.

220. Yébissou, patron des pêcheurs au Japon, assis sur un rocher. Sa coiffure est laquée d'or. Il a une jambe pendante et porte sous le bras gauche une grosse dorade.

Statuette en bois naturel, avec ornements gravés. H. 0,21.

221. Cheou-Sing, dieu de la longévité, dans le culte taoïste, sous la forme d'un vieillard barbu et souriant, au crâne rasé accusant

trois fortes protubérances. Il est debout, entouré d'enfants qui lui grimpent sur les épaules. Tous ses attributs sont réunis dans cette pièce, les enfants, la cigogne, la grenade, symbole de la fécondité, le cerf portant le champignon de longue vie.

Racine de bambou sculptée. H. 0,26.

222. Cheou-Sing, trapu et souriant. Son crâne démesuré est aussi haut que le reste du corps.

Amusante petite pièce en bois sculpté. H. 0,14.

223. Lan Tsaï-ho, de la série des *Pa-Sien*, sur le bord d'un ruisseau. Elle tient un gros nénuphar et se dirige vers un panier rempli de fleurs.

Gracieuse pièce en bois naturel. H. 0,15.

224. Un Pa-Sien, à la coiffure formée de deux coques se dressant sur le crâne. Il est debout sur un rocher. A sa ceinture est fixé un plateau vers lequel se tendent ses deux mains qui devaient tenir des baguettes.

Bois naturel. H. 0,16.

225. Un Sien vieux et maigre, assis, les mains croisées sur les longues manches de sa robe, et tenant un rouleau.

Bois laqué rouge et doré. H. 0,21.

226. Un poète de l'époque des Tang, petit personnage accroupi, tenant un rouleau de la main gauche. Sa mine réjouie, sa coiffure en forme de bonnet phrygien, évoquent le souvenir d'une de ces figures qu'on donne comme des portraits d'Ésope.

Bois gravé, laqué, polychrome. H. avec socle 0,07.

227. Philosophe chinois, accroupi, tenant une branche de pêcher. Pièce finement sculptée.

Bois naturel. H. avec socle 0,07.

228. Un personnage couché sur un socle rocheux. De la main droite, il se caresse la barbe.

Bois sculpté. H. 0,05.

229. Un diable cornu enfonçant à grands coups de marteau (absent)

un clou d'ivoire. Cette pièce forme le couvercle d'un haut tambour dont les deux cercles sont cloutés d'ivoire.

Bois japonais, laqué polychrome, d'un art raffiné. Signé : *Giokuzan*. H. 0,17.

230. Le diable pèlerin. Un grand diable debout, portant de la main gauche la boite contenant ses effets ; il a son parapluie en travers sur ses épaules, son chapeau contre sa poitrine. A côté de lui, sur un terrain rocheux, un diablotin (*oni*) tenant de ses deux mains un vase à aumônes.

Bois laqué polychrome. H. 0,40.

231. Un Daïmiyo et une Bonzesse accroupis, celle-ci les mains jointes, celui-là les mains sur les genoux et tenant un chapelet.

Deux charmantes statuettes en bois naturel sculpté, finement décorées en or. Sur des socles dorés à étages. H. 0,10.

CÉRAMIQUE

PORCELAINE BLANCHE DU FOU-KIEN, DITE « BLANC DE CHINE »

232. Statuette de Kouan Yin, sous la forme dite : *Kouan Yin à onze têtes*. La divinité est figurée debout, ayant derrière elle l'auréole : elle tient de la main droite une fleur de lotus et, de la gauche, fait un geste de bénédiction. La tête est couronnée de dix petites têtes nimbées, au milieu desquelles apparait le buste d'Amida.
    Blanc de Chine. H. 0,39.

233. Kouan Yin, donneuse d'enfant. Elle est assise sur un rocher entre deux bornes supportant un oiseau et une aiguière. Les mains sont ramenées dans le giron, paumes en l'air. Un long collier en relief descend du cou jusqu'en bas du vêtement. A ses pieds, sont ses deux enfants : Long-nou qui fait le geste d'adoration et Hoang-tchen-saï qui tient un vase.
    Blanc de Chine. H. 0,23.

234. Kouan Yin, assise, une jambe pliée, l'autre relevée. Elle est amplement drapée et tient une branche de lotus de la main droite. Le socle est formé de lotus en relief et de vagues gravées.
    Blanc de Chine. H. 0,18.

235. Kouan Yin, debout sur un socle de nuages. Elle est coiffée à la chinoise et tient de la main droite le sceptre *jou yi*.
    Blanc de Chine.

236. Kouan Yin, à cheval, un sceptre en la main droite.
    Blanc de Chine.

237. Personnage en costume de lettré, amplement drapé dans son vêtement et assis sur un haut fauteuil.
    Blanc de Chine. H. 0,15.

238. Coupe tripode, forme fruit, sans couvercle. A l'intérieur, un petit personnage debout.
    Blanc de Chine. Long. 0,095.

239. Coupe a libation, avec reliefs d'animaux symboliques et branches fleuries.
    Blanc de Chine. H. 0,09.

240. Coupe. Même pâte, même décor.
Blanc de Chine. Signé. H. 0,09.

241. Cheval nageant : il porte un rouleau sur le dos. Socle bois sculpté.
Blanc de Chine. Long. 0,08

242. Petite coupe avec reliefs d'arbre fleuri.
Blanc de Chine. H. 0,04.

PORCELAINES

243. Un mandarin et sa femme, en costume de l'époque des Ming. Les personnages sont assis, lui portant un lingot d'argent, elle, les mains cachées dans ses manches. Ces deux belles pièces sont décorées, au grand feu, d'ornements d'une teinte bleue pâle. La glaçure laisse apparaître en transparence le ton de la pâte.
Porcelaine, vieux blanc et bleu. H. 0,15.

244. Vase, bain-marie, en vieux blanc et bleu, décoré de paysages. Ornements en bronze ciselé.
Porcelaine.

245. Vase, bain-marie, en vieux blanc et bleu, décoré d'un oiseau sur une branche fleurie. Avec cette poésie :

> Emblème de bonheur, la pivoine est fleurie,
> Et l'immortel oiseau vous donne longue vie.

Cette pièce est garnie en métaux divers oxydés, avec ciselure de chauves-souris.
Porcelaine. H. 0,12.

FLACONS-TABATIÈRES (*Yen-hou*)

246. Tabatière, porcelaine polychrome, finement ciselée du dragon à trois griffes et d'oiseaux de Hôo en fort relief. Bouchon améthyste.
H. 0,07.

247. Tabatière, porcelaine rouge corail, imitant la laque de Pékin. Même décor que le précédent. Bouchon grenat clair serti.
H. 0,07.

248. Tabatière, porcelaine polychrome, ciselée de huit attributs bouddhiques sur fond de nuages. Bouchon grisâtre serti.
H. 0,07.

249. Tabatière, pierre brune tachetée de blanc et verdâtre. Bouchon noir serti.
H. 0,05.

250. Tabatière, pierre brune transparente, vagues jaunâtres.
H. 0,05.

251. Tabatière, améthyste pâle, à bouchon de cristal surmonté d'un bouton d'améthyste. Pièce gravée, sur les deux faces et les deux côtés, de personnages, de pins et de rochers.
H. 0,10.

252. Tabatière, agate jaspée. Bouton de lapis nuagé d'un ton foncé.

253. Tabatière en laque rouge de Pékin, très finement ciselée, à paysages et personnages en haut relief.
H. 0,06.

254. Tabatière minuscule en cristal évidé, formée d'une petite bouteille hexagonale, unie. Bouchon en cristal.
H. 0,05.

255. Tabatière, pierre noire, formée de branches et de fruits.
H. 0,06.

256. Cinq flacons-tabatières en porcelaine, blanc et bleu. Deux aplatis, décorés de dragons impériaux. Deux aplatis, décorés de buissons fleuris et de poésies. Le cinquième formé d'une gourde minuscule.

257. Tabatière en cristal, peinte, à l'intérieur, d'un décor de paysage. Bouchon en pierre rouge.
H. 0,07.

MATIÈRES PRÉCIEUSES

JADE

258. Trois haches préhistoriques en jade teinté, provenant de l'île d'Yézo. L'une d'elles est fixée au moyen de cordelettes sur un manche de bois avec figures grossièrement sculptées.

259. Cheou-Sing, le dieu de la longévité, assis contre un rocher. Il est accompagné de la cigogne et du cerf et tient à la main sa pêche symbolique. Jade blanc et rouge.
H. 0,12.

260. Petite boite carrée à quatre lobes, en forme de dômes. Elle est ciselée, au couvercle, de dragons, au centre, de fleurs stylisées et de swastikas tout autour.
Jade vert. H. 0,035, larg. 0,075.

261. Bonbonnière lenticulaire, gravée d'un chrysanthème et de rinceaux de fleurs au couvercle. Petit socle bois.
Jade blanc. H. 0,027, diam. 0,075.

262. Pipe formée de grotesques personnages. Le plus grand est poursuivi par un crapaud. Il est aplati entre une grosse tête d'oiseau et des êtres chimériques grossièrement silhouettés. Style archaïque.
Basalte noir. Long. 0,12.

263. Coupe ovale basse, à anse aplatie ciselée en relief de dragons.
Jade taché de rouille. H. 0,05, long. 0,15.

264. Bonbonnière lenticulaire, gravée d'un chrysanthème, à triple rang de pétales.
Jade vert foncé. H. 0,02, diam. 0,65.

265. Charmante coupe, formée d'une fleur à cinq pétales, dont la branche forme l'anse. Décor de chauves-souris. Socle en bois et ivoire vert sculpté et ajouré.
Jade blanc. H. du jade 0,03, long. 0,075.

266. Petite grappe de raisins à feuilles rouges. Cette pièce forme pendentif. Socle bois sculpté.
Jade vert teinté de rouge. Long. 0,055.

267. Grande coupe avec anse, en jade. Reproduction d'un bronze archaïque. Elle est gravée de caractères et d'ornements rituels. Socle bois béquille, sculpté.
H. du jade 0,10, long. 0,18.

268. Petite plaque rectangulaire en largeur, à angles arrondis, sertie en métal doré. Elle est ciselée en fort relief de champignons et de grandes feuilles.
Jade vert foncé. Long. 0,06, larg. 0,05, épais. 0,005.

269. Petite plaque, même forme mais en hauteur, sertie, ciselée d'un chrysanthème et de rochers.
Jade vert foncé. Long. 0,09, larg. 0,05.

270. Petite plaque, même forme mais en largeur, sertie, ciselée en fort relief d'un vieux prunier fleuri et de rochers. Un pistil de fleur en corail. Cachet de félicité.

271. Vase d'applique, gravé de caractère de bons souhaits et de chauves-souris.
Jade vert foncé. Long. 0,065, épais. 0,008.

272. Plaque ovale convexe, en forme de coquille d'épée, gravure d'attributs flammés enrubannés.
Jade blanc. Long. 0,08, larg. 0,065, épais. 0,001.

273. Applique de sceptre, ovale convexe, ciselée et gravée en haut relief d'un dragon dans les nuages.
Jade grisâtre. Long. 0,06, larg. 0,05.

274. Plaque rectangulaire en hauteur, à coins arrondis, évidée en dessous. Elle est gravée en léger relief d'une batelière sur l'eau près d'un grand pin.
Jade blanc. H. 0,10, larg. 0,050, épais. 0,002.

275. Plaque à profil lobé, gravée d'un batelier près d'un pin.
Jade blanc. Long. 0,07, larg. 0,055, épais. 0,002.

276. Plaque ovale en hauteur. Haut relief de dragon dans les nuages.
Jade grisâtre. H. 0,09, larg. 0,05, épais. 0,05.

277. Boucle de ceinture, formée de trois rectangles. Celui du milieu est en jade ajouré de feuillages, les deux autres sont formés de pierres de tons différents, le tout fixé sur jade blanc et serti.
Jades et pierres. Long. de la boucle 0,075.

278. Trompe-l'œil en bas-relief. Applique formée d'un *jou-yi* posé sur son socle en bois. Le sceptre est en jade grisâtre, gravé de branches de fruits et de chauves-souris. Son socle en bois est ajouré et niellé d'argent.
Jade et bois. Long. 0,33, h. 0,14.

279. Coupe formée d'un gros fruit ouvert, ornée de chauves-souris et de branches stylisées; sur quatre petits pieds. Socle bois ajouré sculpté.
Jade brûlé. H. 0,06, grande larg. 0,145.

280. Chinois au repos, le coude droit sur son oreiller et tenant un chasse-mouche de la main gauche.
Pierre dure. H. 0,04, larg. 0,07.

281. Agrafe à tête de chimère.
Jade gris. Long. 0.08.

282. Fragments et objets minuscules.

CORAIL, CRISTAL, AMBRE

283. Coulants et minuscules pièces d'enfilage en corail et ambre.

284. Collier de corail à grains ajourés, sculptés. Monture en or.
Long. 0,40.

285. Deux colliers, chapelets, formés de perles de couleur de cristal dépoli.
Long. 0,48 et 0,54.

286. Citron digité, dit « Main de Bouddha ». Cristal.

287. Une feuille de bananier sur laquelle repose un Chinois, la tête sur l'oreiller, un chasse-mouche à la main.
Ambre jaune. Long. 0,095, épaiss. 0,08.

PIERRE

PIERRE DE LARD, MARBRE, ETC.

288. Bouddha indo-chinois, coiffé d'un diadème en stûpa, assis sur un socle de lotus. La main droite fait le geste de la *prise à témoin*. Ornements et bracelets gravés et dorés.

Pierre. H. 0.70.

289. Un Bodhi Dharma, à la chevelure ramenée en arrière. Il est assis, tenant une coupe sur laquelle est posé un oiseau.

Pierre de lard brune tachetée de tons clairs. Socle en bois ajouré. H. 0,15.

290. Chô, ou Cheou-Sing, l'*Étoile de la longévité*. Personnage à grosse tête ovoïde, à longue barbe, vêtu en prêtre taoïste. Il tient, d'une main, un long bâton auquel est suspendu un livre roulé, et de l'autre, une grosse pêche.

Pierre tendre vert foncé. H. 0,26.

Chô est une des huit divinités populaires, désignées dans le culte taoïste sous le nom de *Pa Siens* ou de *Dieux du bonheur*. Au Japon, il est connu sous le nom de Fokou-rokou-djou

291. Fou, dieu chinois du rang et des honneurs. Il est debout, en costume de lettré, et se caresse la barbe de la main gauche. De la droite, il tient un sceptre de mandarin (*jou yi*).

Pierre de lard grisâtre. H. 0.25.

292. Li Tié-Koai, le saint des mendiants, debout sur un rocher. Il s'appuie sur une longue béquille. Les chairs sont noires.

Pierre de couleur. H. 0,19.

293. Liu Tong-pin, à longues moustaches, à coiffure rouge. Il est debout, vêtu d'une robe à longues manches, et tient un chasse-mouches. Sur son épaule est fixé un sabre. Pièce remarquable par sa patine légèrement teintée de bleu, lui donnant l'aspect d'une cire ancienne.

Pierre de lard polychrome. H. 0,20.

294. Deux Pa Siens, en costumes de philosophes chinois debout sur des socles. L'un est coiffé d'un bonnet de lettré et tient deux claquettes, l'autre a les cheveux noués en deux coques sur le sommet de la tête et tient un chasse-mouches à queue de buffle.

Pierre de lard polychrome. H. 0,25.

295. Un Pa Sien, en costume de philosophe à visage rouge et à barbe noire, les cheveux réunis en une double coque sur le sommet de la tête. Il est debout, un chasse-mouches à la main. Son vêtement largement ouvert laisse à nu la poitrine. Il est décoré de nuages gravés et des caractères du bonheur et de la longévité. Socle à huit pans, légèrement teinté.

Pierre de lard polychrome. H. 0,25.

296. Un Pa Sien à coiffure noire et rouge. Il est debout, un chasse-mouches à la main. Un sabre est fixé sur son épaule. Socle gravé.

Pierre de lard polychromée. H. 0,25.

297. Si wang mou et sa servante apportant les pêches d'immortalité à l'empereur Mou Hoang. Les vêtements sont gravés et polychromés.

Pierre de lard. Socle bois. H. 0,25.

298. Lohan à l'air farouche, accroupi sur le sol. Le personnage est d'une maigreur extrême, son crâne est dénudé, les oreilles sont démesurément allongées. La bouche est ouverte comme pour une prédication violente.

Grès mat. H. 0,21. On y a ajouté un chapelet en bois.

Le nom de *Lohan* ou *Rakan* s'applique aux premiers disciples de Bouddha à ceux qui ont propagé la parole du Maître. On en compte seize ou dix huit principaux, mais leur nombre est porté parfois à cinq cents et même à douze cents. Les artistes chinois se sont complu à la représentation de ces saints personnages.

299. Un Lohan accroupi sur un rocher. Il se gratte l'oreille et tient de la main gauche un livre roulé.

Marbre tendre jaunâtre. H. 0,11.

300. Un Bonze à proéminence frontale. Il est accroupi, souriant et se grattant l'oreille. Parties gravées de fins ornements.

Pierre de lard légèrement teintée. H. 0,11.

301. BONZESSE riant. Elle est assise, nu-tête, les bras écartés, sur un haut rocher. A ses pieds est un petit bonze.

Pierre de lard polychromée du Japon. H. 0,28, largeur 0,20.

301 *bis*. AUTRE PIÈCE analogue à la précédente.

302. MANDARIN MILITAIRE, coiffé du bonnet des lettrés. Il est assis, tient un livre de la main gauche et, de la droite, se caresse la barbe.

Marbre à teinte orangée. H. 0,13.

303. UN MANDARIN MILITAIRE, debout sur un socle. Il est en costume guerrier, à ornements gravés et rehaussés de vermillon.

Pierre de lard polychrome. H. 0,26.

Réduction d'un mandarin qui se voit près de Pékin, dans l'avenue conduisant à la sépulture des Ming.

304. UNE CHINOISE, debout sur un rocher. Elle est nu-tête, élégamment vêtue d'un costume décoré de plantes et d'ornements finement gravés, et tient sur ses bras un livre roulé. Pièce rehaussée de tons polychromes.

Pierre de lard. H. 0,30.

305. POSE-PINCEAUX, formé d'un buisson de fleurs polychromes en relief sur un rocher ajouré. Socle bois.

Pierre tendre. H. 0,10.

306. CACHET CUBIQUE, surmonté d'une petite statuette de vieillard. Avec une inscription qui se traduit ainsi : « Le vieux Kouo, monté sur un âne, passe le pont Tchao. »

Basalte noir. H. 0,10

DEUX PETITS CACHETS, sculptés de personnages.

Marbre. Haut. 0,012.

307. COUPE CIRCULAIRE, basse, noire jaspée. Copie d'une pièce en jade de l'époque des Song. Longue inscription en relief, en caractères anciens. Cachet : Fabrication impériale de l'époque Song. Socle bois ajouré.

Pierre de lard. H. 0,05, diam. 0,16.

308. BLOC brut, formant vase conique irrégulier, renversé.

Matière dure. Socle bois. H. 0,11.

309. Coupe ovale, lobée irrégulièrement, doublée à l'intérieur d'une feuille d'argent oxydé, décor en relief de branches fleuries. Socle plat.
Marbre tacheté. H. 0,005, grande larg. 0,14.

310. Pitong cylindrique à cartel creux, gravé en relief de dragon.
Marbre de couleur. H. 0,10.

311. Bouton de mandarin monté sur filigrane d'or.
Pierre rouge.

312. Petite tasse, cerclée d'argent, sculptée, ajourée de branche de prunier fleuri. Socle ivoire.
Pierre de lard. H. 0,06.

IVOIRE

313. Sabre de médecin, à patine foncée. Pièce finement sculptée et décorée d'un long dragon, qui tient la perle sacrée et contourne la pièce jusqu'au pommeau, sur un fond de nuages ajourés.

Ivoire. Long. 0,26.

314. Tasse avec couvercle et présentoir. Pièce finement sculptée de branchages, de fruits et de fleurs, à parties se détachant du corps de la pièce. Le présentoir, de même décor, est orné de chauves-souris et d'insectes.

Ivoire polychrome. Diam. de la tasse 0,115, long. du présentoir 0,195, h. totale 0,09.

315. Petite bonbonnière, formée d'un fruit fendu en deux dans sa longueur. Deux singes lui forment support.

Ivoire. H. 0,055, long. 0,07.

316. Petit groupe de deux jardinières minuscules, de formes différentes, contenant l'une, un arbre nain, l'autre, un paysage en haut relief.

Ivoire. H. 0,07.

317. Attribut religieux. Deux poissons rouges aplatis, superposés. Socle en bois ajouré sculpté.

Ivoire.

318. Animal géant chimérique et petit personnage avec branche de fruits, argent et corail sur pierre convexe jaspée. Le tout est monté sur une colonne formant socle en métal doré, repoussé de lotus stylisés.

Ivoire. H. 0,13.

319. Cachet ovale, sculpté d'une chimère et de son petit. Signé : *Tcho zan.*

Ivoire 0,025.

320. Cachet circulaire, sculpté d'une tortue sur un nénuphar.

Ivoire. H. 0,025.

8

321. Six panneaux rectangulaires en hauteur, formés de pellicules d'ivoire blanc. Ils sont entièrement découpés, en forme d'un canevas sur lequel sont appliqués de hauts reliefs ciselés de branches de citrons, pivoines, roses, etc., en ivoire polychrome.
Ivoire teinté. H. 0,192, larg. 0,12.

322. Deux baguettes formant panaches d'éventail entièrement ciselés, sculptés et ajourés des deux côtés de branches fleuries.
Ivoire blanc. Long. 0,325.

323. Quatre papillons à doubles faces, polychromes, sculptés ajourés.
Ivoire teinté. Long. aux ailes 0,045.

324. Fragment. Personnage minuscule, ivoire teinté.
Ivoire.

325. Table basse rectangulaire, ajourée, ornée aux coins de plaques d'argent repoussé.
Ivoire. H. 0,10, long. 0,31.

326. Couteau à lame ondulée, à poignée en ivoire, sculptée d'un personnage accroupi se cachant le visage.
Ivoire. Long. 0,42.

327. Crâne d'oiseau à gros bec, à parties rouges, sur lequel est gravée une scène de la vie seigneuriale.
Long. 0,22.

COUPES A LIBATIONS

(Tsiu-pei, vases en forme d'oiseaux.)

La plupart en corne de rhinocéros
en usage dans les cérémonies du Culte des Ancêtres.

328. Coupe ajourée, sculptée d'arbres fleuris. H. 0,11.

329. Coupe doublée argent à l'intérieur, finement sculptée de paysages rocheux avec grands arbres, temples, personnages. H. 0,10.

330. Coupe doublée à l'intérieur. Retournée, elle représente un chien de Fô et son petit avec une boule ajourée. H. 0,12, long. 0,15.

331. Coupe finement ciselée de paysage. H. 0,08.

332. Coupe basse, sculptée de paysages. Cachet. H. 0,03.

333. Coupe basse, sculptée de personnages et d'animaux chimériques minuscules. Poésies. Cachet. H. 0,03.

334. Coupe basse, gravée de fleurs, poésies et légendes; garniture argent oxydé. H. 0,04.

335. Coupe à anse. Jeu de chimères, sur *tao-tié* et grecque. Socle bois sculpté ajouré. H. 0,08, long. 0,13.

336. Coupe renversée, en forme de montagne à sommet pointu; à la base, cercle en argent gravé. H. 0,13, long. 0,16.

337. Coupe basse, sans sculpture. H. 0,11, larg. 0,13.

338. Coupe formée d'un tube lobé sculpté. Socle bois tourné. H. 0,09.

339. Coupe minuscule, formée d'une feuille, avec branche de fruits sur socle bois. H. 0,05, long. 0,08.

340. Coupe rouge clair minuscule. Calice de nénuphar avec branche de fruits en haut relief. Socle bois sculpté. H. 0,05, long. 0,10.

341. Coupe, forme de calice de nénuphar à feuilles en relief. H. 0,06.

342. Coupe ovale, à anse, gravure de grecque, de dragons chimériques à queue finissant en doubles rinceaux. H. 0,11, long. 0,17.

343. Coupe haute, sculptée et ajourée de paysages rocheux entre lesquels coule un torrent animé de bateliers. H. 0,15, long. 0,16.

344. Coupe formée d'un calice de fleur sculpté de branchages et de chimères. H. 0,09, long. 0,16.

345. Coupe minuscule. Calice ajouré et sculpté de branches fleuries. H. 0,06, long. 0,12.

346. Coupe allongée. Grande feuille ajourée et sculptée de branches fleuries. H. 0,07, long. 0,19.

347. Coupe très belle ; allongée, finement sculptée de dragons. Socle bois sculpté, ajouré de rochers et pins. H. 0,08, long. 0,16.

348. Coupe. Calice de fleur, à anse ajourée, sculptée de grandes fleurs en relief.

349. Coupe. Calice à relief de grandes fleurs ; poisson en relief à l'intérieur.

350. Coupe haute, sculptée d'oiseaux de proie sur vieil arbre. Cachet d'artiste.

351. Coupe haute, finement sculptée de rochers, de personnages ; à l'intérieur, continuation du décor. H. 0,12, long. 0,19.

352. Coupe. Paysage rocheux orné de vieux pins avec lianes. Socle en bois sculpté de rochers.

353. Coupe. Grand calice de fleurs, avec tige formant tuyau. Sculpture de grandes feuilles et de fleurs à l'intérieur.

354. Coupe. Grand calice sur haute tige entourée d'autres tiges grimpantes, en faisceau.

355. Coupe sculptée de dragons, de champignons et de bambous.

356. Coupe haute, sculptée : Princesse lisant, en marchant sous les arbres. Cachet d'artiste.

357. Coupe sculptée de rochers surplombant un paysage nautique animé de bateliers. Haut socle de bois sculpté.

358. Coupe haute et longue. Très haut relief de rochers surplombant un paysage nautique animé de personnages. Socle de bois sculpté ajouré.

359. Coupe. Anse de dragon : reliefs de grecque, de dragons et d'attributs.

360. Coupe bois de coco mi-sphérique, cerclée d'argent en haut et en bas. Elle est gravée de fleurs aquatiques et de poésies.

361. Corne. Bateau sculpté d'ornements et de personnages.

COSTUMES ET ARMURES

SELLE ET ÉTRIERS, CUIRASSES, CASQUES, ETC.

Costume princier chinois

362. Habit de guerre d'un prince impérial chinois de l'époque des Ming, en soie noire finement tissée de dragons à cinq griffes. Soies polychromes et fils d'or. Le costume se compose de : veste, épaulières, manches, hausse-col, jupe et deux morceaux. Chaque pièce est garnie, à l'intérieur, entre la soie et la doublure, de plaques d'acier damasquiné, mobiles, fixées par des clous en cuivre doré. Le décor est formé de dragons tenant des perles sacrées, de nuages et de vagues. Doublure soie bleue.

Selle et Cuirasses de Daimiyôs japonais

363. Selle japonaise de parade, en bois laqué d'ors, à fond finement aventuriné. Elle est sculptée, en fort relief, de grandes pivoines épanouies, avec feuilles et branchages sur des rochers. Cette décoration est paillonnée et pavée d'ors de différents tons. Bois laqué.

363 *bis*. Deux étriers de même décoration. Bois laqué.

Ces trois magnifiques pièces sont l'œuvre d'un Kajikawa.

364. Cuirasse en fer, avec basques à lames de fer mobiles, maintenues par des cordonnets de soie bleue. Sur la partie antérieure est gravé un Foudô, nimbé de flammes, debout sur un rocher, au milieu de nuages. A ses côtés se tiennent ses deux acolytes : Kongara et Seitaka. Les parties gravées sont rehaussées d'argent oxydé d'un ton clair de lune. Le dos est gravé d'un grand dragon argenté et rehaussé d'or. Signature.

Foudô « L'Inébranlable » est une divinité à figure menaçante, de type çivaïte, *l'un des huit patrons de la vie humaine* dans l'astrologie japonaise (ce qui justifie sa présence sur une armure).

365. Deux pièces d'armure, en fer repoussé, avec deux dragons ailés, en haut relief. Rehauts d'or et nuages argentés.

366. Cuirasse avec basques, en fer repoussé, à rehauts d'or et d'argent. Le pectoral est décoré d'une divinité dont la coiffure est formée de onze têtes coupées et qui est représentée debout sur un socle circulaire à feuilles de lotus, argentées et oxydées clair de lune et dorées. Près d'elle, sont deux acolytes. Le dos de la cuirasse est orné d'un dragon gravé. Trois basques en fer attachées à la cuirasse sont décorées de dragons ailés, à trois griffes, à rehauts d'or et d'argent. Elles sont maintenues par des mailles d'acier sur fond de soie tissée d'or. « Œuvre de Masuda Miotchine, honoré du titre : Ozimino Kami. Son nom de famille était Kino Munésuké. » Époque Shotokou. Commencement du XVIIIe siècle.

367. Grand casque en fer, gravé de dragons à trois griffes. Le couvre-nuque est mobile et les deux côtés, en retour vers les coins de la visière, sont recourbés et ornés en haut relief de chrysanthèmes en bronze doré et ciselé. Les cornes en fer qui partent du devant du casque remontent de chaque côté en deux lames gravées, rehaussées d'or et ornées de trois chrysanthèmes impériaux à seize pétales en relief.

368. Casque bombé, en fer gravé d'un dragon à trois griffes argenté. Le couvre-nuque est garni de lames de fer mobiles.

369. Casque coréen, sans couvre-nuque ni visière, formé d'un gros coquillage rugueux. Pièce ancienne en fer repoussé.

370. Brassards en fer, formés de mailles et de plaques mobiles avec dragons gravés.

371. Molletières bombées au genou. Elles sont gravées de vagues et de nuages à rehauts d'or et d'argent.

372. Gohé. Bâton de commandement à manche de laque, avec plaque de bronze gravé et lanières de carton formant martinet.

373. Vieilles chaussures, très usées, avec bronze doré gravé.

Sandale de cuir.

374. Masque en fer, partie inférieure couvrant le nez, les joues et le menton. Le nez avec charnières et le couvre-nuque sont mobiles.

375. Deux plaques en fer. Armoiries gravées de nuages argentés.

376. MASQUE en fer, avec hausse-col à lames mobiles : nez aquilin très bombé, joues saillantes, moustaches.

377. MOLLETIÈRES en fer ; lames de fer verticales, mailles et soie tissée.

378. JUPE CUISSARDE à lames de fer, mailles et soie tissée.

379. DEUX BRASSARDS. Même travail.

380. DEUX GRELOTS et cordon de soie à glands.

COLLIER DE GRELOTS en cuivre.

BATON DE COMMANDEMENT, laque noir, bout en métal gravé, cordon soie à glands.

381. APPLIQUE, chimère à la gueule très ouverte, grelot au cou.

Fer. Long 0,35.

DEUX APPLIQUES. Chiens de Fô courant.

Fer. Long. 0,24.

382. ROULEAU recouvert de soie et orné de garnitures en bronze gravé. Il est creux, étant destiné à servir d'étui pour le brevet de commandement, et porte aux extrémités deux anneaux mobiles, avec glands de soie rouge. La soie est tissée de dragons impériaux.

Long. 0,36.

383. CARQUOIS de cavalier, en cuir doublé de soies de sanglier. Aux armes des Tokougawa. Le milieu, rétréci, est maintenu par une large courroie en cuir. La partie inférieure, à couvercle mobile, en forme de calebasse ouverte, sert de râtelier d'armes pour les flèches. Au milieu et sur le couvercle se voient les *mons* à trois feuilles de mauve en relief et dorés, armoiries des Tokougawa. Le dessous du couvercle est garni d'étoffes avec armoiries et rinceaux.

384. DEUX HAUTS BONNETS de danseuses cambodgiennes. Ils sont de forme conique et complètement tissés de fils d'or, décorés de gros cabochons de pierres de couleurs, de bouquets détachés.

H. 0,45.

GARDES DE SABRE

385. GARDE en fer plein, ovale, ciselée d'un dragon dans les nuages, au-dessus des vagues.

Gardes en fer plein à rehauts d'or

386. GARDE ovale à six lobes à fond martelé ciselé. Sennine assis, tenant une gourde d'où s'échappe un dragon.

GARDE circulaire, fond rayonné, ciselée. Singe agaçant une Mante religieuse avec une branche de fruits.

387. GARDE circulaire, cerclée de métal doré, ciselée, gravée et incrustée. Six gros fruits. Signée : *Nami Kadzi.*

388. GARDE carrée, coins arrondis, ciselée. Enfant sur un bœuf et biche sur un rocher, dans un paysage éclairé par la lune.

GARDE circulaire ciselée. Canard minuscule volant au-dessus de roseaux, et chapeau de pèlerin.

389. GARDE circulaire, ciselée sur les deux faces, d'un vieux prunier. Signée : *Ciselée par Shô-ô, dessinée par Yasorka.*

390. GARDE (petite) ovale, ciselée de branche fleurie et d'un petit oiseau.

GARDE ronde, ciselée. Temples, dragons, perles et attributs religieux. Style de Kamakoura.

391. GARDE quadrilobée, ciselée de dragons, perles et oiseaux.

GARDE ronde, ciselée d'un gros crabe et de roseaux.

392. GARDE quadrilobée, à fond martelé, ciselée. Philosophe sur un bœuf. Signée : *Kaneiyé.*

393. GARDE carrée, coins arrondis, ciselée d'un vieux prunier. Signée : *Shôami Ikko.*

394. GARDE (grande) quadrilobée, fond martelé, ciselée d'un Sennine accroupi, qui tient une coupe de laquelle s'est échappé un dragon. Chairs en bronze rouge.

395. Garde carrée, coins arrondis, ciselée en haut relief d'un personnage richement vêtu, en face d'une cascade. Au revers, abri de chaume et plantation. Signée : *Naotomo.*

396. Garde circulaire, ciselée de deux personnages regardant la lune. Au revers, balai et makimono.

Garde circulaire, ciselée de fleurs.

397. Garde ovale, quadrilobée, ciselée d'un chien et d'un buisson fleuri.

Garde ovale, quadrilobée, ciselée d'un cavalier se retournant pour contempler une cascade, il est accompagné de serviteurs.

398. Garde informe, représentant un vieux morceau de bois rongé sur lequel est posée une mouche en relief. (Ce morceau de bois était exposé dans le temple de Nara.) Sur une face, dans un cartel en argent, est gravé le mot Nara. Sur l'autre face, la signature : *Masatsuné.*

399. Garde quadrilobée, ciselée des deux côtés d'un dragon dans les nuages traversant l'épaisseur du métal.

Garde, ciselée d'un tigre près d'un bambou.

400. Garde profilée et ciselée d'un enfant sur un bœuf.

Garde quadrilobée à contour chagriné, ciselée de dragons en haut relief.

Gardes en fer ajouré.

401. Garde profilée et ciselée d'une cosse de gros pois avec ses feuilles et ses vrilles. Signée : *Naozimi.*

402. Garde quadrilobée ; rivière et chrysanthèmes. Signée : *Masatsuné.*

403. Garde presque ovale, finement ciselée de dragon et de nuage.

Garde repercée de fleurs de paulownia.

Garde ovale, contour perlé ; ciselée de dragon en relief, sur fond résillé finement ajouré. Style de Namban.

Gardes en fer ajouré à rehauts d'or.

404. Garde circulaire ; ciselée d'une cité religieuse à temples en haut relief.

Garde contour doré ; ciselée en fort relief. Combat de cavaliers dans les flots.

405. Garde circulaire. Arbres et personnages. Signée : *Sô-ten.*

406. Garde contour doré ; ciselée en fort relief. Combat de cavaliers et de fantassins.

407. Garde presque ovale, à contour formant couronne. Cette garde est finement ciselée sur son champ, d'un dragon, en fort relief. Au milieu, profil lobé découpé à quatre sommets. Signée : *Yei-cho.*

Gardes en fer avec incrustations de cuivre.

408. Garde presque carrée ; ciselée et gravée d'attributs divers.

409. Garde lobée ; ciselée en imitation de vannerie. Au centre, incrustations de dragons et de nuages stylisés.

Garde presque carrée. Au centre losangé, incrustations de grecque.

410. Garde (petite) ovale, à sept lobes profilant sept *mons* (armoiries), repercés.

Garde circulaire, lobée ; ajourée de huit feuilles cordiformes ; incrustation de chapeaux enrubannés.

411. Garde décorée de huit *mons* ajourés et de branchages incrustés.

Garde ovale, gravée en or de dragons enroulés et de deux cercles formant perles sacrées.

Garde circulaire, fond martelé ; incrustation de feuilles et brindilles en léger relief.

412. Deux gardes en fer, circulaires. L'une, ajourée de dragons ; l'autre, d'un cheval et d'un personnage au repos.

413. Trois gardes en fer ajouré. Personnage et prunier. Grue et tortue, etc.

Garde en shakoudo.

414. Garde quadrilobée cerclée, à rehauts d'or ; ciselée en haut relief d'une barque portant les dieux du bonheur. Dans les airs se voit une grue volant et dans les flots une tortue.

KODZUKAS

Kodzukas en fer

415. Kodzuka, ajouré d'un cœur, avec deux poésies gravées sur le manche. Sur la lame est gravée la mention suivante : *Ce kodzuka a été gardé et porté par Oishi Yoshio (Ronin d'Akaho). Forgé par Minamoto.*

Ce serait donc le kodzuka du chef des 47 Ronins. Les poésies, gravées sur le manche, peuvent se traduire ainsi :

Le poids des monts de toute une province
Est plus léger que la faveur du prince.

Un cheveu ! quoi de plus léger ?
La vie et son constant danger.

416. Kodzuka ciselé de nuages et arbres minuscules, à rehauts d'or.

Kodzuka en shibuitshi

417. Kodzuka ciselé en relief : Divinité accroupie.

Kodzukas en bronze rouge

418. Kodzuka gravé et incrusté : Papillon sur un buisson fleuri. Lame signée : *Kyonaga.*

419. Kodzuka chagriné, ciselé en relief d'oiseaux en shakoudo volant au-dessus de cours d'eau, à rehauts d'or. Signé : *Minomotono Nobousbighé, famille Kaneiyé.*

Kodzukas en shakoudo

420. Kodzuka ciselé en relief d'une branche fleurie sur rehauts d'or. Lame signée.

421. Kodzuka ciselé en relief : Branche de prunier fleuri, à rehauts d'or. Signé : Lame forgée par *Görö-rindô-masa.* Pièce rare.

422. Kodzuka ciselé : Chevaux.

423. KODZUKA ciselé en relief : Tigre et dragon. Lame signée : *Itsuné no Kami Kané-mitchi.*

424. KODZUKA ciselé : Chevaux abrités sous un hangar. Lame signée : *Masayoshi.*

425. KODZUKA ciselé en relief : Combat de coqs. Lame signée : *Mazu-kiyo.* Manche : *Naotaka.*

426. KODZUKA ciselé en relief : Corbeaux volant devant la lune. Signé : *Muji Tsugu.*

427. KODZUKA ciselé en haut relief : Combat du tigre et du dragon ; revers doré. Lame signée : *Naoyoshi.*

428. KODZUKA ciselé en relief d'attributs à rehauts. Lame signée : *Noboutaka.*

ANNEAUX ET BOUTS DE SABRES

429. Fer. Bout ciselé en relief : Foudô accroupi tenant l'épée et le chapelet.

Fer. Anneau et bout ciselés d'animaux fantastiques et d'une poésie. Rehauts.

Fer. Anneau et bout finement niellés en or de feuilles et de brindilles.

430. Shibuitshi. Anneau et bout ciselés en haut relief d'une flûte enrubannée et de guerriers dans les roseaux ; rehauts d'or et d'argent. Signature : *Muzi-nori.*

431. Shibuitshi. Anneau et bout gravés à plat de feuilles de chrysanthèmes en or.

Shibuitshi. Anneau et bout ciselés d'une araignée saisissant une mouche. Rehauts d'or et d'argent.

432. Shibuitshi. Anneau et bout ciselés de coqs, poussins et tambourins. Rehauts d'or et de shakoudo.

Shibuitshi. Anneau et bout : Chiens de Fô et pivoines. Rehauts.

433. Argent. Anneau et bout, ciselés de dragons et d'attributs. Rehauts. Signé : *Kouni-Shighé.*

434. Bronze rouge. Anneau et bout, ciselés et gravés de Shoki et du diable. Rehauts d'or et d'argent. Signé.

Bronze rouge. Anneau ciselé en fort relief de branches de prunier fleuri. Rehauts d'or.

435. Shakoudo. Anneau et bout, ciselés d'un combat naval à rehauts d'or et d'argent.

Shakoudo. Anneau et bout, ciselés d'oiseaux fantastiques volant au milieu de rinceaux. Rehauts d'or.

436. Shakoudo. Anneau ciselé de vannerie et fleurettes à rehauts d'or et d'argent.

Shakoudo. Anneau et bout, ciselés de cavaliers combattant dans les flots. Rehauts d'or.

Shakoudo. Anneau et bout, ciselés d'une branche de prunier fleuri. Rehauts d'argent.

437. Shakoudo. Anneau et bout, ciselés d'un combat naval. Rehauts or et argent.

Shakoudo. Anneau et bout, ciselés d'un guerrier debout et d'un diable dans les nuages. Rehauts en or et en bronze rouge.

438. Shakoudo. Anneau ciselé d'un sanglier et buisson fleuri. Rehauts en or.

Shakoudo. Anneau et bout, ciselés d'une réunion de nobles, à longs vêtements sur une terrasse. Rehauts en bronze rouge et en or.

439. Shakoudo. Anneau et bout, ciselés de fleurettes aquatiques à rehauts d'or.

Shakoudo. Anneau et bout, ciselés d'oiseaux de basse-cour picorant du maïs.

Shakoudo. Anneau et bout, ciselés en très haut relief de deux grandes langoustes. Rehauts d'or.

440. Shakoudo. Anneau et bout, ciselés d'une branche fleurie. Rehauts or et argent.

Shakoudo. Anneau et bout, gravure en creux de fleurs de prunier ne laissant en relief que les contours des pétales. Rehauts en or.

Shakoudo. Anneau et bout, ciselés d'oiseaux fantastiques volant. Rehauts en or.

441. Shakoudo. Anneau et bout, ciselés d'une Divinité et de personnages en bateau. Rehauts d'or.

Shakoudo. Anneau et bouts, ciselés de mouches volant et de fleurettes. Rehauts d'or.

Shakoudo. Anneau et bout, ciselés en haut relief de dragons dans les flots. Rehauts en or.

COULANTS D'INRO

442. Fer. Deux coulants. Olive hexagonale ciselée en haut relief d'une branche fleurie en argent. Feuille de nénuphar enroulée.

NETZUKÉS

443. NETZUKÉ BOIS. Crapaud sur chapeau de paille. Signé : *Ichi-mine-Saï.*

444. NETZUKÉ BOIS. Personnage barbu, accroupi tenant éventail.

NETZUKÉ BOIS. Dragon à trois griffes, enroulé, tenant la perle.

445. NETZUKÉ BOIS. Grande pièce. Korëjine à califourchon sur un tigre marchant. Il est tête nue, son chapeau fixé à son dos. Okimono.
H. 0,06, long. 0,07.

NETZUKÉ BOIS. Deux minuscules conques évidées et finement ciselées de personnages. Long. 0,25.

446. NETZUKÉ BOIS. Deux coquilles minuscules séparées, formant noix ; évidées, ajourées, ciselées de personnages et animaux.
Long. 0,02.

NETZUKÉ IVOIRE. Groupe de cinq chiens chimériques se suivant en file indienne.

447. NETSUKÉ IVOIRE. Chimère, pivoine et boule.

NETSUKÉ IVOIRE. Renard debout, vêtu en pèlerin.

NETSUKÉ IVOIRE. Hotei debout sur son sac.

448. NETSUKÉ IVOIRE. Oni accroupi et tambour. Signé : *To-mune.*

449. NETZUKÉ IVOIRE. Chien et son petit. Signé : *Hidé-tsuka.*

450. NETZUKÉ IVOIRE. Formé de quinze masques minuscules.

NETZUKÉ IVOIRE. Masque de chimère, la machoire grande ouverte.

NETZUKÉ IVOIRE. Personnage debout à longues oreilles, tenant une boite et jetant des pois.

NETZUKÉ IVOIRE. Branche de kakis.

451. Netzuké ivoire. Oni accroupi, avec un grand chapeau fixé au dos. Signé : *Ghiokhou*.

452. Netzuké ivoire. Rat et châtaigne.

Netzuké ivoire. Femme sur le dos d'une grande chèvre conduite par un enfant.

453. Netzuké ivoire. Personnage minuscule élevant un gigantesque tambour.

Netzuké ivoire. Personnage debout, dénudé, tenant une boîte et jetant des pois.

Netzuké ivoire. Dieu de la longévité barbu, avec ses emblèmes, le bâton et la grue.

454. Bouton ivoire, ajouré, usé. Ciselé d'une grande lanterne vers laquelle se dirige le voleur d'huile. Fond de nuages et de chauves-souris. Rehauts de métaux divers.

Bouton ivoire, ajouré, ciselé de dragon dans les nuages.

ÉCRITOIRES

455. Écritoire, formée d'un vase-balustre quadrilatère sur pieds, avec couvercle à charnière et d'un long tuyau ajouré. Cette pièce est gravée et ciselée de vols de grues, de nuages et de grecques. Signée : *Seimine.*

Bronze. Long. 0.17. Cachet.

456. Écritoire, composée d'un inrô à deux cases avec coulant et étui porte-pinceau. Cet objet est en fer et argent à rehauts d'or, de différents tons. L'inrô, le coulant et l'étui sont ciselés de dragons et de nuages en relief.

Fer à rehauts d'or.

457. Écritoire gravée d'ornements à têtes de chimères.

Cuivre.

458. Écritoire gravée et ajourée. Signée : *Yo gira Kine.*

459. Écritoire. Petite courge très allongée, ciselure de feuilles et de vrilles. L'extrémité se dévisse et forme porte-pinceau.

Bronze et argent. Long. 0.08.

460. Écritoire, formée d'un petit vase dont le couvercle à charnière est gravé de deux petits personnages grimaçants ; manche recourbé.

Fer et argent.

ARTICLES DE FUMEURS

461. Pipe a opium, bois noir, bouts ivoire, foyer en boccaro orné d'argent repoussé. Une lampe en verre accompagne la pipe.
Long. 0,55.

462. Pipe a opium, laquée écaille, avec plaque en argent émaillé où se voit un rat, en ivoire, grignotant. Récipient en boccaro brun, avec petit tube de cuivre émaillé.
Long. 0,55.

463. Pipe en bambou, récipient ivoire avec tube ivoire foncé.
Long. 0,58.

464. Plateau, bois noir incrusté de fleur en nacre.
Long. 0,48.

465. Bain-marie en bois, à huit pans : la partie supérieure remontant en dossier garni d'argent. Fines incrustations de fleurs et d'oiseaux en burgau. Tuyau et chaînettes.
H. 0,20.

INSTRUMENTS DE MUSIQUE

466. Shamisen, sorte de guitare à trois cordes. Sur la caisse sonore est tendue une peau de chat. Bois laqué de chrysanthèmes d'or.

467. Koto, harpe à treize cordes rattachées à une caisse sonore qui se pose sur le sol. Bois de paulonia impérial, laqué d'or et d'argent, à décor de pins et de cigognes.
Long. 1,85.

TENTURES

ÉTOFFES, ROBES, FOUKSAS

468. Tenture formant double rideau, travail dit : *point de Gobelins*. Elle est composée de deux panneaux, l'un de 2 m. 80 sur 0,70, l'autre de 2 m. 80 sur 2 m. Le plus grand représente une Chinoise, en riche costume ; elle porte des coupes sur un plateau et un sceptre de félicité. A côté d'elle, une fillette tenant également un sceptre. A terre un grand oiseau de Hôo. Ce panneau, tissé sur fond rouge, est bordé d'une large bande d'attributs. Le tout, entouré d'un fond brun sur fond damassé bleu avec application d'un disque décoré d'oranges, de pivoines, de roses, etc., tissées sur noir. Rideau doublé. Le second panneau, à fond bleu damassé, a une application semblable. Rideau doublé.

469. Portière, au *point dit des Gobelins*, de 2 m. 30 sur 1 m. 25, décorée d'une Chinoise debout, avec les attributs du dieu de la longévité : le long bâton et la pêche, et le cerf à ses pieds. Ce panneau est bordé d'une large bande bleue. Le tout est encadré d'une étoffe brune, décorée d'attributs et d'oiseaux chimériques.

470. Panneau de 0,95 sur 0,95, avec lambrequin. Décoré sur fond havane clair d'un grand oiseau de Hôo au milieu de chrysanthèmes chevelus. Broderies polychromes à rehauts de fils d'or. Encadré de velours noir.

471. Dessus de cheminée bleu damassé, à franges rouges, tissé de lanternes en fils d'or, avec application d'un disque bleu où l'on voit le caractère de *félicité* surmontant le dragon et la perle. Vagues stylisées et ciel de fleurs et de rinceaux.

472. Panneau de 1 m. sur 0,30, tissé de lanternes en fils d'or. Bordure velours.

473. Huit drapeaux de fête, en queues de poissons dentelées. Tons divers.

474. Grande tenture de 3 m. sur 1 m. 85, à décor de Ganéshas entourés de bandes de fleurs et d'ornements.

175. Grand morceau de même travail, décoré d'attributs et de fleurs. 1 m. 08 sur 1 m. 01.

176. Un panneau de 0,38 sur 0,28, rouge passé brodé de fleurs bleues et or. Franges.

177. Morceau de 2 m. sur 0,65, jaune, brodé de grandes lettres en or.

178. Trois disques ornés de dragons impériaux. Diam. 0,31.

179. Un lot de morceaux tissés et brodés, de tons divers.

180. Grande robe rose atténué, brodée de dragons impériaux, de perles, de nuages, de chauves-souris et d'attributs rehaussés d'or.

181. Robe, fond bleu foncé, en deux morceaux, brodée de buissons fleuris et de vagues polychromes.

182. Fouksa, jaune paille, tissé en losanges quadrillés d'oiseaux volant, rehaussé de fleurs et d'oiseaux du paradis, brodés à fils d'or. 0,80 sur 0,70.

183. Fouksa, bleu clair, tissé en rouge du *mon* d'Hoshina (Ino), entouré de rinceaux en or. Doublure rouge. 0,80 sur 0,69.

184. Fouksa, décoré d'une cité religieuse sur fond circulaire écru. Fond en tons roses et bleus dégradés. Doublure rouge. Soie peinte. 0,66 sur 0,61.

185. Fouksa, monté en écran vertical de bambou. Il est décoré, sur fond rouge atténué, d'un store à moitié baissé contre lequel pend un bouquet de fête, avec de longs rubans; nuages en fils d'or.

Soie : 0,62 sur 0,57.

De la collection Goncourt.

LANTERNES

186. GRANDE LANTERNE DE TEMPLE, octogone, en bois sculpté, ajouré, décor rouge et or. Pièce de grand style, à huit faces, portant, aux angles et en fortes saillies, des fouillis de fleurs et des chimères. La partie centrale se compose de panneaux, séparés par des colonnettes mobiles sculptées de dragons en ronde bosse. Sur la partie formant couronne, est gravé en relief le nom de la donatrice.

Superbe pièce, très décorative, rapportée de Chine après l'expédition de 1860.

187. LANTERNE, en bois sculpté de deux tons, ajourée, découpée. Elle est à quatre faces et ornée de vitres peintes.

H. 0,70.

188. LANTERNE, à six pans sculptés, ajourée, décorée de fleurs.

Bois. H. 0,45, long. 0,27.

ECRANS

189. ÉCRAN VERTICAL chinois, monté sur pied à coulisse. Panneau de bois à incrustations polychromes de pierres, de nacre, d'ivoire. Laotseu, attirant un cerf avec un celosia vers un pin géant où pendent des lianes. Au verso, un grand perroquet blanc debout et des nuages, au milieu desquels se voit, sur un disque en bronze gravé, une figurine du Dieu de la longévité avec son cerf.

Bois de teck, à incrustations. Haut. 0,45, larg. 0,40.

190. ÉCRAN TONKINOIS, formé d'un panneau rectangulaire monté sur pied à coulisse. Décor en nacre et en burgau à irisations mordorées représentant une étagère avec le vase couvert, le brûle-parfums, le vase à fleurs. Autour et au pied, ornements, fleurs, attributs en même incrustation.

Bois naturel incrusté. H. 0,67, larg. 0,36.

CHÂSSES

191. Grande châsse, renfermant une chapelle. Pièce entièrement dorée, sculptée, ajourée, avec ornements en bronze gravés et dorés. A l'intérieur du sanctuaire, sous les toitures à encorbellement et à angles relevés, se voient trois grandes et hautes niches, séparées par des colonnettes mobiles à dragons en ronde bosse. A la base de ces niches, court une galerie à balcon, surmontant une autre galerie très en saillie au-dessus de sept tiroirs. Cet autel se ferme par une porte à doubles vantaux fenestrés, au bas desquels on voit de petits panneaux en laque d'or, décorés de paysages et de cités religieuses avec temples, en léger relief. La châsse est renfermée dans une caisse de bois laqué brun et noir, avec garnitures en bronze gravé et doré, qui se ferme par une porte à deux vantaux.

L'architecture de cette châsse rappelle le style de Hidari Zingoro, le sculpteur-architecte du temple élevé par Yémitsou à Nikko, en mémoire de Yéyas (XVIIe siècle.)

Bois doré sculpté, ajouré. H. 1,55, larg. 1,20, prof. 0,76.

192. Chapelle ouvrante, avec portes et parois ajourées et décorées de cachets de félicité et de chauves-souris. A l'intérieur, la divinité tibétaine, Ushnishavijaya, à trois têtes avec œil frontal, et à huit bras, portant à droite une statuette d'Amitâbha, un clou, un *vajra*. Chignon élevé en une haute coiffure. Grande auréole blanche circulaire. Bois laqué polychrome et rehaussé d'or.

H. 0,40.

193. Petite chapelle ouvrante en laque noire dorée, avec appliques de bronze doré gravées et ciselées. Intérieur vide.

H. 0,44.

MEUBLES, ETAGÈRES, VITRINES

494. ÉTAGÈRE, en bois sculpté, avec galeries repercées à jour et incrustations de bois et d'ivoire. La partie supérieure, en forme de toit à quatre rampants décorés de paysages avec personnages en relief et exécutés en ivoire et bois, est surmontée d'un groupe en bois sculpté composé d'un personnage et d'un cavalier. Fabrication de Ning-Pô.

H. 1,90, larg. 1,05, prof. 0,37.

De la Collection Ch. Schefer.

495. LONGUE TABLE basse à quatre pieds sculptés, avec ornements en applique de jade. Le plateau est incrusté, en jade, d'un grand bambou, avec une poésie gravée et un cachet. Tout autour de la table court une grecque en jade.

Bois incrusté. H. 0,21, long. 0,92, larg. 0,36.

496. FAUTEUIL de prêtre, bois laqué rouge et or, sculpté et ajouré.

497. GRANDE ET LARGE VITRINE à quatre portes et deux vantaux, vitrée sur les côtés du haut en bas. Elle est laquée rouge, avec bordures en fer et un haut relief doré courant autour des glaces. A l'intérieur, glaces et tasseaux. Elle n'a pas de fond et peut être utilisée comme vitrine murale ou centrale.

H. 2,45, larg. 2,50, prof. 0,41.

498. GRANDE ARMOIRE, en bois teinté brun, à deux vantaux vitrés du haut en bas.

H. 2,60, long. 0,58, prof. 0,33.

499. ARMOIRE acajou, peinte en noir à filets d'or; intérieur en rouge. Porte vitrée, avec glace.

H. 2,40, long. 0,84, prof. 0,26.

500. VITRINE centrale, vitrée sur toutes ses faces et sur le dessous, avec portes à deux vantaux. Monture bois brun laqué de décors en or.

H. 0,49, long. 0,67, prof. 0,51. Soubassement à quatre pieds, sculpté et ajouré d'oiseaux de Hóo et de fleurs.

501. GUÉRIDON-VITRINE, formé d'une vitrine plate circulaire, pivotante : couvercle à charnières, avec glace, sur pied terminé par une base triangulaire à roulettes.

H. 0,70, diam. 0,96, prof. 0,12.

PEINTURES

502. Peinture chinoise sur soie à rehauts d'or. Un mandarin et sa femme, en costume de l'époque des Ming, tous deux assis et nimbés. Entre eux se voit un grand vase en bronze d'où sortent des branches de corail, symbole du bonheur. A leurs pieds, de petits personnages qui poussent un chariot ou portent des lingots d'argent, des branches de corail et autres symboles de bonheur et de richesse. Encadrée.

H. 0,10.

503. Peinture japonaise sur soie. Paysage neigeux. Au premier plan, un faubourg de Yédo où circulent de petits personnages. Plus loin, des rizières. Au fond, des temples près d'une chaîne de montagnes. Peinture sous verre, dans un très beau cadre en bois sculpté et doré de dragons et de nuages.

Long. 0,82, haut. 0,69.

Provient de la Collection de Balzac.

KAKÉMONOS

504. Grand Kakémono sur soie. — Le Bodhisatva Fouguen, assis sur le dos d'un grand éléphant blanc à trois têtes. La figure est nimbée d'un disque à zônes multicolores qui se détache sur une grande auréole circulaire encadrant tout le personnage. L'effigie du Bodhisatva apparait de face, vêtue d'un riche costume, coiffée d'une haute tiare portant les figures des cinq Dhyani-Boudhas, parée de colliers à pendeloques et de bracelets. La main droite levée tient un *vajra* à trois pointes, et la gauche une cloche dont la tige est encore un *vajra*. L'éléphant est debout sur un plateau circulaire formé d'une *roue de la loi* que supporte une multitude de petits éléphants blancs soutenant avec leurs trompes de petits foudres à deux pointes. Cette peinture est entourée de soies ornées de *roues de la loi*, d'attributs et de *vajras* disposés en croix.

H. de la partie centrale 1,33, larg. 0,66.

Pièce importante.

505. Kakémono bouddhique. Au sommet, le Bouddha dans sa gloire, entouré de huit Bodhisatvas. Deux anges ailés, à la figure noire, descendent vers les régions inférieures où l'on voit de nombreux groupes de Bodhisatvas et de bienheureux. Plus bas, les dieux infernaux et les supplices de l'enfer, et, à la base, les Shi tennô, les quatre « Rois du Ciel », les Lokapala de la théogonie indienne, qui gardent le monde contre les attaques des Asuras et qui veillent chacun sur l'un des points cardinaux. Plus de deux cents figures sont peintes en de petites scènes, avec l'art le plus minutieux, sur cet intéressant kakémono. Toute la composition est enserrée dans six grands caractères chinois qui se lisent en japonais : *Namu Amida Butsu*. Encadré de soie.

506. Kakémono bouddhique. Sous un pendentif de fleurs et d'attributs, Çakyamouni est assis, auréolé d'un disque d'or, et se détache sur un immense nimbe blanc circulaire. Son trône de lotus repose sur un haut socle octogonal à plusieurs étages décorés de perles entourées de flammes. Sur le devant, des *vajras* disposés en croix. La divinité est dorée et son costume est enrichi de très fins ornements. Encadrement de soie à décor de fleurs sur fond rouge et de pivoines bleues sur fond gris. Peinture sur soie.

507. Le Bouddha, escorté de deux acolytes, debout sur des nuages. De son œil, part un rayon lumineux qui vient frapper un groupe de saints personnages devant lesquels s'inclinent des pèlerins, un chapelet à la main. Petit Kakémono bouddhique.

508. Kakémono bouddhique, décoré de quarante-neuf représentations de Bouddhas, accroupis sur des socles de lotus. Encadrement de soie à décor de perles, de fleurs, de tortues, de grues et d'autres attributs.

509. Kakémono en grisaille. Kwanon assise sur un rocher battu par les vagues. Elle tient une coupe où plonge une branche de thé. Peinture sur soie. Signature et cachet.

510. Kakémono. Un cavalier et son serviteur contemplant le Foudji. Signé : *Hoghen Tansi*.

511. Kakémono. Grand oiseau jaune et rouge sur un rocher. Signé : *Toki-nobou*.

512. Kakémono. Poétesse debout sur une terrasse, en face d'une araignée suspendue au bout d'un fil. Signé : *Shosado Shunmon*.

C'est le sujet reproduit dans une estampe célèbre d'Harounobou.

513. Kakémono. Le dieu de la longévité et son cerf. Grisaille. Signé : *Kiménaga*.

514. Kakémono. Grand paon sur un rocher. Signé : *Ko-Ko-sé*.

515. Kakémono (non monté). Shôki sur un âne au galop. Signé : *Sô-sho*.

516. Kakémono (non monté). Branche fleurie. Signé : *5e petit-fils de Sesshiu Ouné-Kokou Toyô*.

517. Kakémono (non monté). Lettré debout lisant. Signé : *Gogakou-genrô*.

518. Kakémono. Tortues marines. Signé : *Kano-Tanghen*.

519. Kakémono. Kwanon sur un rocher battu par les flots. Signé : *4e année de Anseï, Hokio Ei-kaï*.

520. Kakémono. Poétesse contemplant une montagne neigeuse. Signé : *Kei Hironaga*.

521. Kakémono. Poétesse assise près d'une table où se voient l'écritoire et la feuille à écrire. Signé : *Kei Hironaga*.

522. Kakémono. Grand aigle sur un prunier fleuri. Signé : *Kei Yusai Bankoku*.

523. Kakémono. Grand aigle blanc sur un rocher. Signé : *Katchi-kara Hôghen Yoshinobou*.

524. Kakémono. Grande branche de pivoines. Signé : *Ghekko-mori Youki-Sada*.

525. Kakémono. Hibou sur un arbre fleuri. Signé : *Kuahô Shighé-yuki*.

526. Kakémono. Cité religieuse, vue à vol d'oiseau. Signé : *Rikkakou*.

527. Soldats du régime féodal, décomposant les mouvements de la charge.

528. Deux Kakémonos. Oiseaux divers volant. Quelques-uns sont brodés.

MAKIMONOS

529. Très long rouleau de peintures rappelant le style de l'école de Toça et représentant des oiseaux sous des nuages en jaune d'or. Toutes les espèces sont minutieusement dessinées et peintes avec le plus grand soin : faisans, passereaux, perdrix, oiseaux de paradis, échassiers, cigognes, martins-pêcheurs. Signé : *Soukékiyo Kouninobou.*

530. Très long makimono, avec des scènes de combats, des incendies, des cortèges.

531. Makimono. Scènes d'intérieur et métiers divers.

532. Deux makimonos. Réceptions seigneuriales. — Tournois et combats de cavaliers.

533. Un lot de dessins.

534. Brevet de mandarin militaire annamite trouvé dans un bambou sur un champ de bataille. Daté de la 20e année Tu Duc (vers 1850).

ESTAMPES JAPONAISES

LIVRES ILLUSTRÉS

535. KITAO MASSAYOSHI (fin du XVIIIe siècle). Paysages des environs de Yédo. Album de format carré. Tirage en noir.

Ces croquis séduisent par leur vérité. On y sent la maîtrise d'un artiste sûr de lui-même, ayant dû passer par une étude prolongée du dessin sous ses formes complètes, pour arriver à simplifier ensuite et à obtenir d'un ou deux traits, rapidement jetés, l'expression décisive. Massayoshi a été le contemporain d'Hokousaï jeune et son devancier dans le genre de ces rapides esquisses.

536. BOUMPÔ (fin du XVIIIe siècle). Paysages et scènes. Album de 30 planches doubles. Format in-8°.

Ces croquis de Boumpô sont traités d'une manière très personnelle, avec un mépris de toute forme conventionnelle et un extrême souci de vérité. Ils sont imprimés en grisaille avec des tons légers.

537. KYOTO MEISHO. Description de Kyoto, la capitale des Mikados et de ses environs (1799). Gravures en noir. 5 volumes in-8° réunis en un.

On sait que les *meishos* sont des livres illustrés, consacrés à la description des provinces et des grandes villes du Japon. Les artistes y placent aussi des scènes de mœurs et des groupes de personnages qui nous donnent un tableau curieux de l'existence des Japonais il y a cent ans.

538. MEISHO YÉ. Dessins de sites célèbres. Planches gravées sur cuivre, par Shounkosaï (1849). 31 petites planches collées sur papier fort et réunies en un album in-8° oblong, cart.

C'est le premier essai au Japon du mode de gravure au burin, à la manière des gravures européennes. Le premier vaisseau américain parut sur les côtes du Japon en 1845. On peut voir par le présent album combien les Japonais s'étaient formés rapidement au contact des étrangers. Néanmoins ces tentatives de gravure au burin ne semblent pas avoir obtenu un grand succès puisque l'on ne signale que quelques rares volumes exécutés au Japon par ce procédé.

539. YOSHITORA. Les incendies de Yédo, le corps des pompeux et les étendards et bannières qu'il est glorieux de tenir devant le feu jusqu'à ce qu'ils grillent. Album de 80 planches à fond rouge feu. Format in-folio.

540. FLAGS of the different Daïmios of Japan. Impression en couleurs. En un long rouleau.

ESTAMPES

541. Yeisho (xviiie siècle). Un salon au Yoshiwara. Trois jeunes femmes assises, écrivant, fumant ou causant, devant un paravent décoré d'un immense oiseau de Hô, copie de la célèbre peinture d'Outamaro. Triptyque. Admirable composition d'un grand style et d'un bel effet décoratif.

De la Collection de Goncourt.

542. Toyoharou, le fondateur de l'atelier des Outagawa (2e moitié du xviiie siècle). Une fête de nuit à Yédo. La fête se passe sur la Soumida chargée de barques, illuminées de grosses lanternes jaunes; les rives sont pleines d'une foule en liesse et, dans le fond, le grand pont rouge se détache sur le ciel noir pointillé d'étoiles et éclairé par l'embrasement d'un feu d'artifice.

Estampe de format oblong.

543. Outagawa-Toyokouni (1772-1828). Un concert. Sur une estrade sont les chanteuses et les joueuses de shamisen. Tout autour est assise une nombreuse société. Au premier plan, trois groupes de femmes causant, lisant, fumant ou accordant un shamisen, et un jeune homme assis près d'un *tsuitate*. Par une large baie on voit la campagne et le Fouji. Triptyque.

544. Outagawa-Toyokouni. Groupe de femmes symbolisant les sept *Kamis*, les populaires dieux du bonheur. Dans le haut, des nuages verts.

De la Collection de Goncourt.

SOURIMONOS

545. Hokousaï. Trois jeunes femmes et un petit garçon qui joue avec un chien blanc, sous un arbre en fleurs. Grande estampe oblongue de la première jeunesse d'Hokousaï, du temps où il signait encore Tokitaro. Pièce très rare.

De la Collection Gonse.

546. Hokousaï. Une guésha en superbe costume noir, lamé d'argent et rehaussé de tons écarlates, chante en s'accompagnant sur son shamisen. Beau et rare sourimono carré, à rehauts métalliques. Signé : *Taïto*.

De la Collection Gonse.

547. Hokousaï. La poétesse Komati sur le bord de la mer et, devant elle, un vieux guerrier assis sur un rocher, et tenant dans ses bras un enfant. Tirage à rehauts d'argent. Signé : *Taïto.*

De la Collection Gonse.

548. Hokousaï. Duo de flûte et de Koto entre une jeune dame de la cour et un noble personnage. Fond de verdure. Tirage à rehauts d'argent. Signé : *Tameïchi.*

548 *bis.* — Trois jeunes femmes travaillant à la fabrication des stores. Sourimono à rehauts d'argent. Signé : *Tameïchi.*

De la Collection Taigny.

De la série à la coquille, dont chaque pièce porte un petit éventail avec la signature et un coquillage.

549. Hokousaï. Un corbeau noir s'envole, emportant un long sabre avec fourreau rose. Sourimono carré.

De la Collection Appert.

550. Hokousaï. Dix-huit sourimonos en un album de format oblong, à couverture de soie. Pièces excellentes, à gaufrures et rehauts métalliques, par Hokousaï, Hokkei, Shighénobou.

Les pêcheuses de coquillages. Deux femmes et deux enfants sur le bord de la mer. Signé : *Taïto.* — La tisseuse de soie, par Hokkei. — La porteuse de bois, etc.

551. Hokkei. Kintoki, l'enfant rouge, se cramponnant à une énorme carpe qui bondit dans une cascade. Sourimono argenté, format carré.

De la Collection Montefiore.

552. Hokkei. Deux femmes et un jeune homme, accroupis devant une tenture, auprès d'un nécessaire pour la cérémonie du thé. Trois pièces formant triptyque.

553. Gakoutei. Trois sourimonos à rehauts d'or et d'argent. Un jeune homme et deux femmes assis près de livres et de boites à écrire. Les têtes se détachent sur un grand coup de pinceau formant comme un nimbe d'or. Pièces superbes et peu communes.

554. Sourimonos par divers artistes. Vingt pièces de format carré en tirage délicat.

Ce lot pourra être divisé.

ALBUMS D'ESTAMPES

555. Portraits d'acteurs et scènes de théâtre. Par Kounisada. Album de 89 planches en grand format.

556. Portraits d'acteurs, planches de grimaces, etc. Par Kounisada et divers. Un fort album en grand format.

557. Scènes légendaires et dramatiques, portraits d'acteurs, etc. Par Kounisada et Kouniyoshi. Album de 120 planches en grand format.

558. Scènes de théâtre. Par Kounisada et Kouniyoshi. Deux albums en grand format.

559. Portraits de Courtisanes et acteurs dans des rôles de femmes. Par Kounisada. Album de 24 planches, en grand format.

560. Les Ronins. Par Kouniyoshi. Un album de grand format.

561. Toyokouni, Kounisada, Kouniyoshi. Acteurs. Scènes de théâtre. Scènes légendaires. 141 estampes de grand format.

PLANCHES GRAVÉES SUR CUIVRE

562. Les Conquêtes de l'Empereur de la Chine. Seize estampes, représentant les victoires de l'Empereur Kien Long dans la Dzoungarie (1755-1760). On y a joint deux autres planches : « Cérémonie du labourage » et « Marche ordinaire de l'Empereur lorsqu'il passe dans la ville de Pékin ». En un album de grand format in-folio oblong.

« L'année XXXe de son règne, l'empereur de la Chine, Kien Long, donna un décret daté du 13 juillet 1765, par lequel il ordonna qu'il serait envoyé en France, pour y être gravés par les plus célèbres artistes, seize dessins de ses victoires dans le royaume de Chanagar et dans les pays musulmans voisins ».

Ces dessins étaient l'œuvre des PP. jésuites Attiret et Castiglione, qui avaient été appelés à la Cour de Kien Long pour décorer de peintures le palais impérial et qui y jouissaient d'une faveur très marquée. Les gravures furent exécutées à Paris, par Masquelier, Aliamet, Le Bas, de Saint-Aubin, Née, Prévost, Choffard, Delaunay, sous la direction de Helman, graveur du Duc de Chartres, et élève de Le Bas

Ajoutons que les PP. Attiref et Castiglione, pas plus que vingt ans plus tôt les PP. Gherardini et Belleville, dans une tentative semblable, ne réussirent guère à faire adopter en Chine les théories artistiques qu'ils apportaient d'Europe. Ils ne furent pas plus heureux dans l'essai qu'ils tentèrent d'introduire en Chine les procédés de la gravure sur cuivre.

Les planches qu'ils avaient fait graver en France y furent tirées à un petit nombre d'exemplaires et envoyées à Pékin où l'on essaya d'en faire un nouveau tirage ; mais on ne put obtenir que des épreuves médiocres. Ce procédé de gravure, où il semblait pourtant que les Chinois dussent réussir, fut dès lors abandonné, et l'expérience ne fut pas renouvelée.

OBJETS MUSULMANS

563. Bassin a ombilic, en bronze gravé, autrefois damasquiné; dans les médaillons multilobés, alternativement, boutons de roses et canard; la bordure du marli est d'oves croisées, à fond en relief. Inscriptions de souhaits au propriétaire. Par derrière, le nom d'un propriétaire, gratté puis remplacé par celui d'un second propriétaire : « le maitre Ahmed ibn Ibrahim an Nasâni. Fin du xive siècle.

564. Coupe magique, cuivre rouge, autrefois étamé. Au centre, un carré dans lequel, sous cinq lignes de signes cabalistiques et de chiffres, on voit agenouillés deux personnages la tête couverte d'un bonnet à trois pointes. Sur le marli, une longue ligne de chiffres entrecoupée de huit médaillons pleins de chiffres et de signes magiques. Perse, xve siècle.

565. Disque magique, plaquette gravée. Sur une face, deux carrés magiques divisés en grand nombre de compartiments où sont inscrits des lettres et des chiffres. Les deux carrés se croisent de façon à former un octogone étoilé, chiffres aux quatre angles du carré caché par le premier, et inscription religieuse. Une inscription circulaire contient une invocation sur le prophète et des formules religieuses. Sur l'autre face, petit carré magique autour d'une inscription : invocation sur les douze imâms Alides. Perse, xvie siècle.

566. Bateau, suspension de fleurs, en bois noir, gravé de branches fleuries et d'inscriptions arabes.

Long. 0,36.

567. Deux tables tabourets à huit pans, ajourés, décorés d'entrelacs et de caractères arabes.

H. 0,40.

ANTIQUITÉS ÉGYPTIENNES

568. Figurines funéraires en terre émaillée, à patine bleue et à patine verte. Quatorze pièces. (Ce lot pourra être divisé.)

Ces statuettes, rappelant l'aspect de la momie, avec leurs lourdes coiffures, avec leurs mains croisées sur la poitrine, portent un texte en caractères hiéroglyphiques qui est, en général, un extrait du *Livre des Morts*.

569. Amulettes et Statuettes de divinités en pierres diverses.

Petites pièces auxquelles les Égyptiens attribuaient des vertus surnaturelles. La perfection avec laquelle la plupart d'entre elles sont calibrées, dit Daninos Pacha, la netteté de la perce, la beauté du poli, font honneur aux ouvriers. Mais là ne s'arrêtait pas leur science. Sans autre instrument que la pointe, ils les façonnaient en mille formes diverses, animaux, images de divinités, etc.

570. Ouadj, talisman en forme de colonnette s'épanouissant en fleur de lotus, symbole du rajeunissement divin. Feldspath vert. — Ouza, l'œil mystique, protégeant contre le mauvais œil, contre les paroles d'envie ou de colère, contre la morsure des serpents. Deux pièces, pierre noire.

571. Statuettes du Dieu Bès, nain monstrueux, aux yeux à fleur de tête, à la langue pendante, aux jambes écartées, protecteur contre l'influence des mauvais génies. Pierre. Six pièces.

572. Deux statuettes de Thouéris, au corps d'hippopotame, aux mamelles pendantes. Cette déesse, de forme si bizarre, avait le privilège de protéger les femmes enceintes et de présider aux accouchements. Deux pièces.

573. Set, sous la forme de quadrupède au museau long et busqué, aux oreilles droites (*animal typhonien*.) — Horus, à tête d'épervier. Deux pièces.

574. Divinités diverses. Thot, Noun, Ra, Horus, etc. Six pièces.

575. Petites divinités et amulettes. Trente pièces finement sculptées. (Ce lot sera divisé.)

576. Amulettes et fragments divers. Dix huit pièces.

577. Bague en or, à chaton mobile composé d'un scarabée (écorné).

578. Quatre scarabées, montés en boutons.

579. Neuf grands scarabées de différentes matières, avec textes gravés.

579 *bis*. Quatre-vingt-douze petits scarabées (Ce numéro et le précédent seront divisés.)

L'amulette en forme de scarabée est un symbole de durée présente ou future; la garder sur soi était une garantie contre la mort.

580. Deux petites stèles funéraires, en terre émaillée. 1. Forme de haut portique: au centre, un scarabée. Inscriptions funéraires sur les deux faces. 2. Forme quadrangulaire. Au centre, un scarabée au dessus de la barque sacrée. Au verso, le défunt en prière devant Osiris, et trois lignes de textes hiéroglyphiques.

581. La déesse Sekhet, à tête de lionne. Statuette en bronze, sur socle de marbre.

582. Quatre statuettes de divinités en bronze. Osiris, Ptah, Anubis, Sekhet avec le disque.

583. Statuette agenouillée. Bronze.
Sistre, en forme de pilier à chapiteau hathorique. Bronze.

584. Bagues en bronze. Huit pièces.

585. Deux petits vases à eau lustrale. Avec une frise représentant la procession des barques sacrées. Bronze.

586. Uræus, le serpent qui orne les diadèmes et le disque solaire, et qui doit repousser les puissances hostiles comme son poison anéantit jadis les ennemis du dieu Soleil. Sept pièces. Bronze.

587. Petits objets en bronze. Treize pièces.

588. Petit masque provenant d'un couvercle de momie. Bois peint.

589. Statuette d'Osiris. Bois doré.

590. Uræus, le serpent royal. Bois. Deux pièces.

591. Petit cercueil en bois, à couvercle et à fond plat avec chevilles d'assemblage en bois.
Long. 0,54.

592. Trois colliers, perles et verroteries.
Dix-sept perles d'enfilage de toutes formes.

593. Coupe en verre. — Coupe en agate. — Petit vase en pierre dure.

594. Petit vase en poterie grise, décoré de deux coqs affrontés, gravés à ton rouge.

595. Un lot de petits cubes en verre, en lapis, etc., et fragments de poterie.

596. Un panier, rempli de fuseaux à tisser.

ERNEST LEROUX, ÉDITEUR

28, rue Bonaparte

OUVRAGES DOCUMENTAIRES

POUR L'HISTOIRE DE L'ART EN EXTRÊME-ORIENT

AYMONIER (E.). **Le Cambodge.** 3 volumes gr. in-8°, illustrés . . . . 65 fr. »

BERTIN (L.-E.). **Les Grandes Guerres civiles du Japon.** Les Taïra et les Minamoto. In-8°, illustré de figures et de planches, d'après des peintures, des estampes, des netzkés, etc. . . . . 20 fr. »

BLONDEL (S.). **Le Jade.** In-8° . . . . 2 fr. »

GÉNÉRAL DE BEYLIÉ. **L'Architecture hindoue en Extrême-Orient.** Gr. in-8, richement illustré. . . . . 15 fr. »

BRETSCHNEIDER. **Recherches Archéologiques et Historiques sur Pékin et ses environs,** traduit par COLLIN DE PLANCY. In-8°, plans et fig. . . . 12 fr. »

CHAVANNES (ED.), de l'Institut. **La Sculpture sur pierre en Chine, au** temps des deux dynasties Han. In-4°, 60 planches. . . . . 25 fr. »

CHAVANNES (ED.). **Mission Archéologique dans la Chine septentrionale.** 2 albums in-4°, comprenant 488 planches. (Le texte formant deux volumes sera publié en 1910 et fourni aux souscripteurs.) . . . . 150 fr. »

DAUTREMER. **Poésies et Anecdotes japonaises** de l'époque des Taïra et des Minamoto, suivies de l'histoire de ces deux familles. In-18, planches. 2 fr. 50

DESHAYES (E.) et OUÉDA TOKOUNOSOUKÉ. **La Céramique japonaise.** Les principaux centres de fabrication céramique au Japon. In-18. . . 3 fr. 50

DESHAYES (E.). **Petit Guide illustré au Musée d'Ennery** (collections japonaises). In-18, illustré. . . . . 0 fr. 50

DURET (TH.). **Catalogue** raisonné des livres et albums illustrés du Japon à la Bibliothèque Nationale. In-8°, grav. et planches en couleurs . . . 7 fr. 50

FOUCHER (A.). **L'Art gréco-bouddhique du Gandhara.** Étude sur les origines de l'influence classique dans l'art bouddhique de l'Inde et de l'Extrême-Orient. Tome I. Introduction. Les Édifices, les Bas-reliefs. In-8°, 200 gravures, planche et carte. . . . . 15 fr. »
Tome II. Les images. L'histoire. (*Sous presse*).

FOUCHER (A.). **Étude sur l'Iconographie bouddhique de l'Inde,** d'après des textes inédits. In-8°, en 2 fascicules avec 39 figures et 10 planches. . 16 fr. »

FOURNEREAU (L.). **Les Ruines Khmères.** Cambodge et Siam. Documents d'Architecture, de Sculpture et de Céramique. Album de 110 pl. en un carton. 50 fr. »

GRÜNWEDEL (A.). **Mythologie du Buddhisme au Tibet et en Mongolie.** Traduit de l'allemand. In-4°, 188 illustrations. Couverture en couleurs. . . 10 fr. »

JAMETEL. **L'Encre de Chine.** In-18, fig. . . . . 5 fr. »

LAJONQUIÈRE (Le Commandant LUNET DE). **Inventaire descriptif des Monuments du Cambodge.** Tomes I et II. In 8°, illustré. Chaque. . . . 15 fr. »

LAJONQUIÈRE (Le Commandant LUNET DE). **Atlas Archéologique de l'Indo-Chine.** Monuments du Champa et du Cambodge. In-folio, cartes, cart. 12 fr. »

MÉLY (F. DE) et COUREL. **Les Lapidaires chinois.** Introduction, texte et traduction. In-4°. . . . . 50 fr. »

LEQUEUX (A.). **Le Théâtre japonais.** In-18. . . . . 2 fr. 50

ORY (PAUL). **L'Arbre à laque.** In-8°, fig. . . . . 2 fr. 50

PARMENTIER (H.) **Inventaire descriptif des Monuments Chams de l'Annam.** I. Description des Monuments. Gr. in-8°, illustré . . . . 16 fr. »

PAVIE. **Mission Pavie en Indo-Chine.** In-4°, illustré. 8 volumes publiés. . . 105 fr. »

STEENACKERS (F.). **Cent Proverbes japonais,** illustrés par OUÉDA TOKOUNOSOUKÉ. In-4° de luxe, papier teinté, 200 illustrations à plusieurs tons. 20 fr. »

UJFALVY (CH. EUG. DE). **L'Art des Cuivres anciens au Cachemire** et au Petit Tibet. Gr. in 8°, illustré. . . . . 6 fr. »

Ernest LEROUX, Éditeur

28, rue Bonaparte

OUVRAGES DOCUMENTAIRES

POUR L'HISTOIRE DE L'ART EN EXTRÊME-ORIENT

PUBLICATIONS DU MUSÉE GUIMET

LE BOUDDHISME AU TIBET, par Em. de Schlagintweit, traduit de l'anglais par L. de Milloué. In-4°, 40 planches hors texte. . . . . . . 20 fr. »

LE LALITA-VISTARA, ou Développement des jeux, contenant l'histoire du Bouddha Çâkya-Mouni, depuis sa naissance jusqu'à sa prédication. Traduction française et Notes par Ph. Ed. Foucaux, professeur au Collège de France. 2 volumes in-4°. . . . . 30 fr. »

LA RELIGION POPULAIRE DES CHINOIS, par J.-J.-M. de Groot. — Les fêtes annuellement célébrées à Emoui (Amoy). Traduit du hollandais, par C.-G. Chavannes. 2 vol. in-4°, illustrés de nombreuses figures et de 38 planches. . . . . 40 fr. »

LE SIAM ANCIEN. Archéologie, Épigraphie, Géographie, par L. Fournereau. 2 volumes in-4°, nombr. figures et planches. . . . . 80 fr. »
Couronné par l'Académie des Inscriptions et Belles-Lettres et par la Société de Géographie.

SI-LING. Étude sur les tombeaux de l'Ouest de la dynastie des Ts'ing, par le commandant Fonssagrives. In-4°, illustré de gravures et planches en noir, en chromotypographie et en chromolithographie. . . . . 30 fr. »

SI-DO-IN-DZOU, Gestes de l'officiant dans les cérémonies mystiques des sectes Tendaï et Singon (Bouddhisme japonais), d'après le commentaire de M. Horioe Toki, supérieur du temple de Mitani-Dji. Traduit du japonais par S. Kawamoura. Introduction et annotation, par L. de Milloué. In-8°, 18 planches et reproduction fac-similé du texte. . . . . 15 fr. »

HISTOIRE DU BOUDDHISME DANS L'INDE, par H. Kern, professeur à l'Université de Leyde. Traduit par M. Gédéon Huet. 2 vol. in-8°. . . 20 fr. »

BOD YOUL ou TIBET, le Paradis des Moines, par L. de Milloué. In-8°, planches. . . . . 12 fr. »

LE THÉATRE AU JAPON, ses rapports avec les cultes locaux, par A. Benazet. In-8°, illustré. . . . . 7 fr. 50

LE NEPAL, étude historique d'un royaume hindou, par Sylvain Lévi, professeur au Collège de France. 3 vol. in-8°, illustrés. . . . . 30 fr. »

LE T'AI CHAN, monographie d'un culte chinois, d'après des documents recueillis au cours d'une Mission scientifique, par Ed. Chavannes, de l'Institut. In-8°, planches. . . . . 20 fr. »

LES SYMBOLES, LES EMBLÈMES ET LES ACCESSOIRES DU CULTE CHEZ LES ANNAMITES, par G. Dumoutier. In-18, illustré. . . . . . 3 fr. 50

CATALOGUE de l'Exposition temporaire au Musée Guimet. Objets du Tibet, de la Chine et du Japon. In-18, illustré. . . . . 3 fr. 50
Ce Catalogue contient une excellente notice, rédigée par M. J. Hackin, sur les collections et les statuettes de divinités tibétaines rapportées par M. J. Bacot de sa Mission au Tibet

PETIT GUIDE ILLUSTRÉ AU MUSÉE GUIMET, par L. de Milloué. In-18, richement illustré. . . . . 1 fr. »
Toutes les divinités de l'Inde, de la Chine, du Tibet, du Japon, sont décrites et reproduites dans ce guide qui est indispensable à tout collectionneur.

CATALOGUES DESCRIPTIFS ET RAISONNÉS DE PEINTURES ET D'ESTAMPES JAPONAISES, et de Miniatures indo-persanes, rédigés par Ernest Leroux. 30 volumes et brochures in-8°
Collections Burty, Appert, Taigny, Barboutau, De Boissy, Apezteguia, Duret, Télinge, Tillot, Martel, H. Portier, etc.

www.ingramcontent.com/pod-product-compliance
Ingram Content Group UK Ltd.
Pitfield, Milton Keynes, MK11 3LW, UK
UKHW022049170726
13837UKWH00002B/854